의사소통과 상담

Communication and Counseling

의사소통과 상담

유 옥 · 조 숙 지음

동 문 사

[머리말]

세상의 모든 사람들은 어머니의 뱃속으로부터 세상에 태어나는 순간 양육자의 관계에서부터 의사소통은 시작된다. 의사소통은 가족구성원의 행복의 근원이기도 하지만, 자신과 타인과의 관계가 형성되는 상호작용이다.

이러한 의사소통은 언어적 또는 비언어적으로 이루어진다. 언어적일 경우에는 소리와 표정, 그리고 행동을 동반하기도 하지만, 비언어적인 경우에는 몸짓과 행동으로 나타날 수 있다.

또 의사소통은 장소를 불문하고 가정, 학교, 직장 등 사람과 사람의 관계형성을 위해서는 꼭 필요하다. 하지만, 의사소통은 모든 사람들이 일상생활에서 각자의 생각대로 표현하고 소통하지는 않는다. 자칫 소통이 되지 않을 경우에는 개인의 정신건강뿐만 아니라 가정과 사회에도 다양한 영향을 미친다.

과거에는 부부간의 의사소통이 상호간에 그리 중요한 의미를 갖지 못하였다. 하지만 현대에 와서는 부부관계가 사랑을 바탕으로 서로 간에 인격을 존중하며, 동등한 입장에서 상호작용의 의사소통을 통하여 가정의 문제를 해결해 나가는 방향으로 변화되어지고 있다.

그러므로 부부 상호간에 만족스런 관계의 질과 안정적인 부부관계를 형성해 가기 위해서는 원활한 의사소통이 필요하다.

또한 상담자와 내담자의 관계 속에서도 의사소통이 어떻게 이루어지느냐에 따라, 내담자의 문제해결을 효율적으로 해결할 수 있도록 도울 수 있다.

개인뿐만 아니라 상담자들이 내담자와 상호작용이 잘되기 위해서는 효율적인 의사소통이 필요하다.

따라서 이러한 의사소통의 원활한 방법을 설명하기 위해서 본서에서는 제1부에는 의사소통에 관한 전반적인 이론을 실었고, 제2부에는 의사소통이 삶에 미치는 영향에 관한 연구 및 효과 검증의 결과를 싣는 것으로 구성하였다.

본서가 상담사, 사회복지사, 학교교사, 간호사, 목회자, 군 지휘관 등 다양한 상담의 현장에서 활동하는 분들에게 도움이 되길 바란다. 아울러 내담자의 마음을 치료하기 위해서 수련 받는 학부생과 대학원생들에게도 도움이 되길 바란다.

이 책이 출판되도록 다방면으로 도와주신 동문사 사장님과 편집국장님을 비롯한 모든 임직원분들께 마음을 다해 감사드린다.

마지막으로 본서를 접하는 모든 분들이 본서에서 익힌 의사소통을 통하여 자신과 가족 그리고 사회의 모든 사람들과 원만한 의사소통을 함으로써 행복한 삶을 살아가기를 소망한다.

2014년 2월

유 옥·조 숙

[차 례]

머리말…5

Part 01 의사소통에 관한 이론적 배경

CHAPTER 01 ▶▷ 의사소통 이론__15

01 의사소통의 개념 ———— 15

02 의사소통의 유형 ———— 17

1) 회유형(Placater, 희생자형, 무조건 'Yes'형) …… 17
2) 비난형(Blamer) …… 18
3) 초이성형 …… 19
4) 산만형(혼란형) …… 20
5) 일치형(Congruent) …… 21

03 의사소통의 종류 ———— 22

1) 언어적 의사소통 …… 23
2) 비언어적 의사소통 …… 24

04 의사소통의 요소 ———— 29

05 의사소통 행동 ———— 35

06 바람직한 의사소통을 위한 열 가지 방법 ———— 38

1) 비판적인 단어나 감정이 실린 용어를 쓰지 말라. …… 38
2) 일반화된 이름 붙이기를 하지 말라. …… 38
3) 비난하고 정죄하는 식의 '너-메시지'를 쓰지 말라. …… 38
4) 과거의 일을 들추지 말라. …… 39
5) 부정적인 비교를 하지 말라. …… 39
6) 위협을 하지 말라. …… 39
7) 감정적으로 공격하기보다는 그것을 말로 표현하라. …… 40
8) 개방적이고 수용적인 신체 언어를 사용하라. …… 40

9) 전체 메시지를 사용하라. ······ 40
10) 분명하게 말하라. ······ 41

07 좋은 대화로 이끄는 방법 —— 42

08 자기표현훈련 —— 45

09 청소년의 부모–자녀 간 관계적 특성과 의사소통 —— 47

10 의사소통 수단의 발달과정 —— 52

1) 봉수 ······ 52
2) 전화(교환원) ······ 52
3) 전화(전자식) ······ 52
4) 휴대 전화 ······ 53
5) 화상 전화 ······ 53

11 의사소통 수단의 발달로 편리해진 점 —— 53

1) 인터넷 쇼핑 ······ 53
2) 재택근무 ······ 54
3) 화상 회의와 화상 수업 ······ 54
4) 모바일 뱅킹과 인터넷 뱅킹 ······ 54
5) 민원서류 발급 ······ 54
6) 차량 자동 항법 장치 ······ 54
7) 정보 검색 및 수집 ······ 55

CHAPTER 02 ▶▷ 부부의사소통__57

01 부부의사소통의 필요성 —— 57

02 부부의사소통의 목적 —— 59

03 남성과 여성의 의사소통 비교 —— 61

1) 남성과 여성의 대화특성 ······ 62
2) 부부의사소통의 장애물 ······ 63
3) 다섯 가지 사랑의 언어 ······ 65

04 I–Message(나–전달법) —— 67

05 교류의사소통 —— 69

1) 교류의 유형 ······ 70
2) 자아상태 ······ 71
3) 삶의 태도 ······ 73

CHAPTER 03 ▶▷ 의사소통이 결혼생활 만족에 미치는 영향__79

01 결혼생활 만족에 대한 이론적 배경 —— 79
1) 결혼 만족의 개념 ······ 79
2) 결혼 만족의 요인 ······ 81

02 결혼생활 만족과 가족과의 관계 —— 84
1) 가족 발달론적 관점 ······ 84
2) 가족 기능론적 관점 ······ 90

03 결혼생활 만족을 위한 부부의 성장요인 —— 94
1) 결혼 만족도 ······ 94
2) 부부 스트레스 대처기술 ······ 97
3) 자아 존중감 ······ 99
4) 부부 의사소통 ······ 102
5) 부부의 성 만족도 ······ 108
6) 부부 갈등 대처방식 ······ 113

04 의사소통과 부부의 관계향상 —— 119
1) Gottman 의 의사소통 교육 이론 ······ 121
2) Seligman의 긍정 심리학 ······ 134
3) 부부관계 향상 프로그램 ······ 136
4) 부부교육프로그램의 효과 ······ 139

Part 02 의사소통이 삶에 미치는 영향에 관한 연구 및 효과 검증의 결과

CHAPTER 04 ▶▷ 부부의사소통과 결혼생활 만족도 연구__149

01 연구 방법 —— 149
1) 연구대상 ······ 149
2) 측정도구 및 구성 ······ 149

3) 자료 분석 ……………………………………………………………………………153

02 연구 결과 —— 154

1) 조사대상자의 인구통계학적 특성 ……………………………………………154
2) 결혼생활 5년 이하와 6년 이상 부부의 변수 간 상관관계 분석 ……………157
3) 결혼생활 5년 이하와 6년 이상 부부의 성별에 따른 차이 분석 ……………160
4) 결혼생활 5년 이하와 6년 이상 부부의 결혼 만족도에 영향을 미치는 요인 분석 …162
5) 결혼생활 5년 이하와 6년 이상 부부의 통계 결과 비교 ……………………164

CHAPTER 05 ▶▷ 부부 의사소통 교육 프로그램의 개발과 효과 검증__165

01 부부 의사소통 교육 프로그램의 개발 —— 165

02 연구 설계 및 절차 —— 169

03 교육프로그램 내용 —— 171

04 연구 결과 —— 177

1) 집단 간 사전 동질성 검증 ……………………………………………………177
2) 프로그램 효과 분석 ……………………………………………………………179
3) 집단 간 사후 점수 비교 ………………………………………………………182

CHAPTER 06 ▶▷ 논의 및 제언__183

01 논 의 —— 183

1) 부부의 결혼생활 만족도 ………………………………………………………183
2) 부부 의사소통 교육 프로그램 …………………………………………………184

02 제 언 —— 186

부록…187

참고문헌…201

●●● 표 목차

〈표 1〉 Gottman의 역기능적 의사소통 행동 ……37
〈표 2〉 남성과 여성의 대화 특성 ……62
〈표 3〉 분석수준과 개념의 예 ……86
〈표 4〉 가족 기능적 관점에서의 효과적인 의사소통 요인 ……93
〈표 5〉 결혼생활 만족 증진을 위한 요인 ……118
〈표 6〉 Gottman(1999)의 행복한 결혼의 집 ……126
〈표 7〉 부부교육 프로그램 효과 연구 ……144
〈표 8〉 일반 조사대상자의 인구통계학적 특성 ……155
〈표 9〉 각 변수 간 상관관계 분석(결혼생활 5년 이하) ……158
〈표 10〉 각 변수 간 상관관계 분석(결혼생활 6년 이상) ……159
〈표 11〉 부부의 성별에 따른 차이(결혼생활 5년 이하) ……160
〈표 12〉 부부의 성별에 따른 차이(결혼생활 6년 이상) ……161
〈표 13〉 결혼 만족도에 영향을 미치는 요인(결혼생활 5년 이하) ……162
〈표 14〉 결혼생활 만족도에 영향을 미치는 요인(결혼생활 6년 이상) ……163
〈표 15〉 국내외 대표적인 부부관계향상프로그램의 이론 및 가정, 주된 교육내용 …166
〈표 16〉 연구 설계 ……169
〈표 17〉 결혼생활 만족 증진을 위한 부부 의사소통 교육 프로그램 ……171
〈표 18〉 집단 간 사전 동질성 검증 ……178
〈표 19〉 프로그램 효과 분석 ……181
〈표 20〉 집단 간 사후 점수 비교 ……182

●●● 그림 목차

[그림 1] 연구의 진행절차 ……170
[그림 2] 프로그램 효과 분석 ……181

PART I

의사소통에 관한 이론적 배경

01 의사소통 이론

02 부부의사소통

03 의사소통이 결혼생활 만족에 미치는 영향

CHAPTER 01

의사소통 이론

01 의사소통의 개념

의사소통(意思疏通)은 사람의 의사나 감정의 소통으로 커뮤니케이션(Human Communication)이라고도 한다. '사람이 가지고 있는 생각이나 뜻이 서로 통함'이라는 의미를 지니고 있으며, 인간이 사회생활을 하기 위해서 가장 필수적으로 가지고 있어야 하는 능력이다. 상호간 소통을 위해 사용되는 매체로는 구어(口語)와 문어(文語)는 물론 몸짓, 자세, 표정, 억양, 노래, 춤 등과 같은 비언어적 요소들까지 포함된다. 위와 같은 행동으로 의사소통이 불가능한 사람들을 위해 많은 도구와 치료법이 개발되어 있으며, 일반적인 소통을 하는 데는 거의 문제가 없다. 언어적 능력이 발달하지 않은 동물들의 경우 호르몬이나 대소변의 냄새 또는 울음소리로 의사소통을 한다. 현대의 경우, 직접적인 소통 외에도 네이버, 다음, 네이트와 같은 포털 사이트나, 페이스북, 트위터 등의 소셜네트워크서비스 등으로도 인터넷을 이용해 불특정 다수와의 의사소통을 이루기도 한다.

사티어(Satir)는 의사소통한다는 말이 일반적으로 사회적 맥락 내에서 언어적 행동과 비언어적 행동을 다 포함하는 말이라고 했다. 그래서 의사소통이란 상호작용 또는 거래(transaction)의 뜻을 포함하며, 또한 사람들이 의미를 전달하거나 전달받을 때에 사용하는 모든 상징과 단서가 포함된다. 따라서 의사소통이란 주고받는 과정이며 남들과 어떤 관계를 맺고 무슨 일을 겪는가를 결정하는 최대의 요인이 되는 것이다.

의사소통(Human communication 또는 Anthroposemiotics)에는 다음과 같은 영역이 있는 것으로 이해된다.

① 자신과의 내재적 의사소통

② 다른 사람과의 인적 교류

③ 그룹 내에서의 단체 행동

④ 조직 내에서의 조직 내 교류

⑤ 문화를 초월한 문화 간 교류

02 의사소통의 유형

버지니아 사티어(Virginia Satir)는 의사소통의 유형을 다음과 같이 다섯 가지로 나누었다.

1) 회유형(Placater, 희생자형, 무조건 'Yes'형)[1)]

다른 사람들만을 즐겁게 하는 의사소통 유형의 사람으로 나는 없고 타인과 상황만을 본다. 자신의 내적 감정을 무시하고 다른 사람들을 기쁘게 하고, 즐겁게 하는 데에서 위안을 얻는다. 만일 다른 사람들이 위안을 얻지 못하면 자신이 형편없는 사람이라고 느끼게 된다. 회유형 의사소통 유형의 사람들은 자신에 대한 존중감을 가치 없게 여기고 다른 사람들이 요구하는 대부분의 것에 동의한다. 이런 의사소통 유형의 사람들은 자신의 가치를 부정하고 스스로는 정말로 중요하지 않다는 메시지를 자신에게 보낸다. **"나는 아무 가치가 없다."** 또 다음과 같은 내적인 독백을 한다. **"나는 항상 다른 사람들에게 잘 대해 주어야만 한다."**, **"나는 어떤 사람도 화나게 하면 안 된다."**, **"네가 없으면 난 아무것도 아니야."**라고 생각하며, 마치 자신의 삶의 유일한 목적이 다른 사람의 문제를 덜어 주기 위한 것처럼 행동한다. **"나는 너를 행복하게**

---

1) pp.17-22는 유옥, 가족상담의 이론과 실제, 서울: 교육과학사, 2006. pp.183-186에서 저자가 같으므로 그대로 인용했음.

하기위해 존재한다.", "나는 항상 좋은 사람이어야 한다."라고 생각하며 행동한다. 게다가 회유형 의사소통 유형의 사람은 잘못되어 가고 있는 모든 일을 자신의 책임으로 돌린다. **"모든 것이 나의 잘못이다."**

- 신체적인 증상 : 소화기관의 고통, 당뇨, 편두통, 변비. 등이 활처럼 굽음.
- 신체적인 행동 : 사죄하고, 변명하고, 징징거림, 모든 것을 제공한다. 순교적이다.
- 심리적인 증상 : 신경과민, 우울증, 자살충동, 자기 무시.
- 심리적인 자원 : 남을 돌보는 것, 예민성. 인간성.
- 심리적인 정서 : 구걸하는 마음, 빈약한 신체적 자세.
- 변화 목표 : 자기주장훈련, 분노조절, 'No'라고 말하기, 자기감정 표현하기.

2) 비난형(Blamer)

다른 사람을 비난하고 비난을 통해서 상대방을 통제하려고 하는 사람이다. 상대방이 자신에게 굴복할 때 비난형 의사소통 유형의 사람들은 편안하고 안전하게 느낀다. 이런 의사소통 유형의 사람은 쉽게 흥분하여 다른 사람들과 싸움의 관계에 잘 들어가게 된다. 자신을 제외하고 다른 사람들은 다 잘못한 사람들이다 라고 생각한다. 비난형 의사소통 유형은 회유형 의사소통 유형과는 정반대의 유형이다. 비난형 의사소통 유형의 사람은 다른 사람의 가치를 무시하고 단지 평가만 한다. **"너는 아무것도 제대로 하는 것이 없다.", "나는 약해서는 안 돼."**라고 생각하며 자신을 보호하기 위해서 다른 사람에게 해를 입히고 다른 사람의 탓으로 모든 책임을 돌린다. **"모든 것은 네 잘못이다."** 이런 의사소통 유형의 사람들은 종종 적대적, 권위적, 폭력적으로 묘사된다. 하지만 그들의 내면세계는 자주 외롭고 긴장감으로 가득 차 있다. **"나는 외로운 실패자다."**라는 생각을 하기 때문에 공격적인 행동을 보인다. 그래서 사티어(Stair)는 심하게 비난하는 것은 도움을 구하기 위한 빌미를 찾기 위한 행동으로 해석하였다.

- 신체적 증상 : 근육 긴장과 통증. 혈액순환의 문제와 고혈압, 관절염, 천식.
- 신체적 행동 : 공격적, 심판자, 명령, 약점발견.
- 심리적 증상 : 과대망상, 이탈행동, 공격적인 성향.
- 심리적 정서 : 비난하는 마음, 융통성이 없음, 힘이 있어 보이는 입장.
- 심리적 자원 : 다른 사람을 무시, 강한 주장.
- 변화 목표 : 타인 수용, 인정, 자아 존중감 향상.

3) 초이성형

조용하고 침착하나 행동의 폭이 매우 좁다. 일에 있어서 분석적이고 비판적이며, 따지는 스타일이다. 다른 사람들과 대화할 때 감정을 무시하고 상황만 중요시 한다. 자신의 일에 지나치게 세심하며 타인을 신뢰하지 못한다. 자기주장이 강하고 강박적인 성향이 강하다. 타인의 잘못이나 실수를 허용하지 않고 바른 말들만 한다. 모든 일에 철두철미하고 **"모든 것이 학구적이고 사람은 지적이어야 해."**라고 생각한다. 말 속에는 감정이 거의 들어 있지 않다. **"나는 어떤 감정도 표현할 수 없어."**라는 생각 때문에 자신의 감정을 절대로 표현하지 않는다. 감정적으로 매우 상처받기 쉽기 때문에 다른 사람들과 연결되는데 두려움이 있다. **"나는 상처받기 쉽고 고립된 느낌이다."** 초이성형 의사소통 유형의 사람들의 인격은 비인간적이다. 그들은 다른 사람의 감정을 부정한다. 지나치게 합리적이며 객관적인 자료나 논리에 근거해서 의사소통을 한다. 그들의 심리적인 자세는 경직되어 있고, 공격적이며, 항상 올바른 것을 추구하는 것으로써 묘사된다. **"규칙과 옳은 것에 관한 자료를 사용해야 해."** 초이성형 의사소통 유형의 사람들은 겉으로 보기에도 차갑고 건조하며 지루하게 보인다.

- 신체적 증상 : 건조성 질병, 점액, 임파 조직에 질병 발생, 암, 심장마비, 근육통.
- 신체적 행동 : 권위적, 강직, 원칙론적 행위, 합리화 행동, 조작적, 의도적, 강제적.
- 심리적 증상 : 강박적, 강제적, 반사회적, 지나친 긴장감.
- 심리적 정서 : 완고하고 냉담함, 조용하고 침착함, 경직되고 굳은 자세, 고자세.
- 심리적 자원 : 자기 자신과 다른 사람을 무시, 지식.
- 변화 목표 : 감수성 훈련, 상대방에 대한 두려운 감정 인식.

4) 산만형(혼란형)

산만형 의사소통 유형의 사람은 일반적으로 즐거워하는 것이나 익살맞은 것과 혼합된 것으로 혼돈스러운 것을 말한다. 산만형 의사소통 유형은 초이성형 의사소통 유형과는 정반대의 유형이다. 자신과 타인, 상황을 모두 무시하고 정서적으로 매우 혼란스럽고 산만한 행동을 보인다. 내면적으로 **"나를 받아들이는 곳이 없다."**, **"아무도 나를 걱정해주지 않는다."**라고 생각하기 때문에 **"그대로 놔두라."**라고 반응한다. 다른 사람들이 자신으로부터 떠나도록 만들며 이로 인해 외로움과 공허감을 동시에 느끼게 된다. 그렇기 때문에 **"아무도 상관하지 않는다."**라고 생각하며, 자신의 외로움이나 공허감과 부딪치지 않으려고 끊임없이 움직이며, 다른 사람들을 혼란스럽게 만든다. **"거기는 내게 적절한 곳이 아니다."**, **"나는 무가치 해."**라고 느끼며, 균형이 없고, 끼어듦으로써 주의를 끌려고 한다.

- 신체적 증상 : 신경계통 장애, 메스꺼움, 위장 장애, 당뇨병, 편두통, 변비.
- 신체적 행동 : 부산함, 지나친 활동성, 부적절한 조정.
- 심리적 증상 : 혼돈됨, 정신질환.
- 심리적 정서 : 비스듬히 앉음, 계속해서 움직임, 혼돈스러움.
- 심리적 자원 : 자신, 타인, 상황을 모두 무시, 즐거움, 자발적, 창의력.
- 변화 목표 : 주의 집중, 자아 존중감 향상, 신체적 접촉 받아주기.

5) 일치형(Congruent)

일치형 의사소통 유형은 사티어(Satir)가 말하는 다섯 가지 의사소통 유형 중 유일하게 기능적인 의사소통 유형이다. 언어와 행동이 일치되어 있으며, 다른 사람들과 감정적으로 잘 연결되어 있다. 이들은 자신의 대화 형태를 스스로 조절할 수 있으며, 이를 통해서 다른 사람들과 좋은 관계를 맺을 수 있는 균형 잡힌 사람이다. 일치형 의사소통 유형의 사람들은 매우 진솔한 의사소통을 하며, 생동적이고 창조적이다. 이들은 독특하고 유능한 행동양식을 보인다. 높은 자존감과 가치감을 갖고 있으며, 심리적으로나 신체적으로 건강한 상태에 있다. 자신의 말과 행동, 태도가 일치한다. 문제를 현실적으로 사고하고 해결방안을 모색한다. 자존감이 높고 자신의 유일성과 타인의 개별성을 신뢰한다. 자신의 내적·외적 자원을 활용하며, 대인관계가 편안하고 자연스럽다. 타인과의 갈등을 하나의 기회로 여기며, 타인과의 차이점을 인정한다. 가족 안과 밖의 경계가 명확하고, 감정표현이 솔직하며, 이중적이지 않고, 직접적이다. 자신의 행위에 대하여 책임을 진다.[2)]

03 의사소통의 종류

우리 인간은 두 가지 기초적 의사 교환의 도구를 사용하고 있다. 그중의 하나는 언어라는 것이고, 다른 하나는 말 이외의 몸의 언어인 몸짓, 표정, 시선, 거리, 주위환경 등의 상징적 행동이다. 언어적 의사소통 방식은 개념 및 지식의 교환을 위해서 매우 중요하다. 그러나 인간관계 측면에서는 우리는 대부분의 경우 거의 비언어적인 방법을 취한다.

2) 유옥, 가족상담의 이론과 실제, 서울: 교육과학사, 2006. pp.183-186.

1) 언어적 의사소통

의사소통이라고 하면 사람들은 맨 먼저 말과 언어를 포함하는 언어적 의사소통을 생각한다. 우리가 사용하는 말은 중요하지만, 더욱 중요한 것은 사람들이 자신의 메시지를 전달하기 위하여 말을 어떻게 사용하느냐 하는 문제일 것이다. 특히 말의 강도, 억양, 음조 등을 어떻게 사용하느냐 하는 문제는 훨씬 더 많은 의미를 가진다.

오해를 초래할 수도 있는 언어적 의사소통의 또 다른 측면은 속어, 방언, 기타 특수한 용어의 사용과 관련된다. 이러한 경우는 아주 흔히 있는 일이라서 사람들은 자신이 그러한 말을 사용하고 있다는 것을 잘 알지 못한다. 언어로 전달할 때는 이와 같이 여러 가지 측면들을 고려하여 그 의미가 무엇인지에 대하여 잘 알아보아야만 한다.

언어적 경로가 있는데, 언어는 표면구조와 심층적인 의미구조를 지니는데, 의사소통이 원활하려면 표면구조가 아닌 심층구조를 이해하는 것이 중요하다. 언어소통의 네 수준은 성공적인 의사소통이란 서로에게 대화수준을 맞추고 관계가 진전되어 감에 따라 그 수준을 심화시켜 나가는 것으로 일상적인 대화, 사실적인 정보를 주고받는 수준, 개인적 의견을 포함하고 있는 이야기를 주고받는 수준, 그리고 감정을 포함하고 있는 정보를 주고받는 수준으로 가장 깊은 의사소통의 수준이다. 언어소통 장애물은 말 자체가 지니고 있는 이중적 의미인 긍정적 말투와 비꼬는 말투, 생략되거나 극단적인 표현, 지나치게 추상적이거나 정화성이 결여된 불분명한 말, 그리고 일반화된 표현인 피상적 표현이다.

2) 비언어적 의사소통

종종 인간의 비언어적 신호나 몸의 언어는 무의식중에 나타나는 것을 언어적 의사소통보다 더 적합한 정보를 제공해 준다.

(1) 얼굴 표정(facial expression) 의사소통

얼굴표정은 언어를 대신해서 메시지를 전달하는 중요한 역할은 한다고 할 수 있다. 특히 언어에 의한 메시지 전달이 충분하지 못한 경우가 많기 때문에 얼굴표정은 자신의 감정이나 반응을 전달하거나 상대방의 감정, 태도, 반응을 파악하는데 중요한 역할을 한다고 말할 수 있다. 하지만 얼굴표정은 개인의 성격, 관심, 반응에 대한 정보 및 감정의 상태를 전달해주는 다면적 메시지 체계라고 보고, 의사소통에 있어 화자의 얼굴표정이 암시하는 것을 정확하게 판단해 내기란 힘이 든다고 주장하고 있다. 서비스 제공자가 고객의 반응을 보는 것과 고객이 서비스 제공자의 평가 시에도 얼굴표정은 중요한 역할을 한다. 또한 사람들의 얼굴표정 속에는 한 개인의 모든 정보가 마음의 상태, 특성, 건강, 개인성, 사회적 위치, 돈을 버는 능력, 그리고 내가 좋아하는 것과 생활에 대한 기대감이 들어 있으므로 그 사람의 얼굴표정을 얼마나 정확하게 읽어 내는가가 성공적인 의사소통의 지름길이라고 주장하고 있다.

(2) 눈(eye) 의사소통

신체 언어 중에서 가장 중요한 몫을 차지하는 것이 눈 동작이다. 사람들은 언제, 어떻게 다른 사람의 눈동자와 맞부딪쳐야 하는가에 대해 신경을 쓴다. 눈은 의사소통의 흐름을 규제하기도 하고 반응을 전달하며 감정을 표현하는 기능 및 상대방과의 관계를 나타내 주는 역할을 한다. 눈은 예로부터 마음의 거울이라고 하고 눈을 통해 내적인 감정을 전달한다는 것이다. 서비스직에서 눈의 마주침은 중요한 요소로 작용한다. 식당에서도 주문을 받을 시나 고객의 요청을 들을 시에는 고객의 눈을 쳐다보며, '고객의 말씀을 잘 듣고 있습니다.'라는 표현을 해주는 것이 중요하다. 문화에 따라 눈 마주침은 서로 다른 의미를 갖는다. 미국 문화권에서는 대화를 나눌 때에는 상대방의 눈을 똑똑히 들여다보는 것이 성실하고 진지한 태도로 보이는 한편, 한국문화권이나 일본에서는 나이가 위인 사람과 대화를 나눌 때 똑똑히 뚫어지게 보는 것은 무례한 사람으로 여기게 된다. 이와 같은 문화권의 차이로 해서 미국의 주류 문화에 익숙한 백인의 눈으로 볼 때, 눈 접촉을 의식적으로 피하려는 한국 사람들이나 일본사람들을 좀 이상하게 여기는 것을 당연한 이치이다. 눈을 쳐다볼 때, 어떻게 보느냐에 따라 동정에 뜻인지, 반항의 뜻인지, 사모의 뜻인지, 놀람의 뜻인지 많은 것을 표현해 준다. 일반적으로 한국인의 눈 마주침은 예를 들어 상대방의 눈을 마주치는 경우에는 상대방에게 대화채널이 개방되어 있다는 것을 알리고 싶을 때, 상대방을 좋아할 때, 상대방에게 적대감을 느낄 때, 그리고 피드백을 바라는 경우이다. 상대방과 눈을 피하는 경우는 대화를 하고 싶지 않을 때, 상대방과 너무 근접한 상황일 때, 거짓말을 할 때,

그리고 길고 따분한 내용이 예상 될 때로 구분된다. 이렇듯 눈을 통한 의사소통은 많은 감정을 내포하고 있으며 이것은 의사소통에서 중요한 역할을 담당하고 있음은 분명한 것이다.

(3) 아류 언어(subvocals) 의사소통

아류 언어는 신음, 한숨, 비명, 투덜거림과 같은 말이 아닌 모든 종류의 소리 등이 해당된다. 이들 아류 언어들 또한 타인에게 많은 의미를 전달한다. 서비스 제공자가 고객에게 아무 뜻 없이 한숨을 내쉰다면 고객은 분명 불쾌해 할 것이다.

(4) 신체 접촉(skinship) 의사소통

신체 접촉은 가장 강력한 형태의 비언어적 의사소통이다. 신뢰, 분노, 자비, 연민, 온정, 흥미, 관심 등의 접촉을 통해서 표현할 수 있다. 식당에서 고객이 무리한 디스카운트를 원할 때, '안 됩니다'라고 말하기 전에 계산서를 들고 있는 손에 내 손을 올려놓으면 고객은 안 된다는 내 의도를 알아채며 기분 좋게 받아들일 수 있다. 그러나 문화적, 사회적으로 규정된 접촉과 관련된 많은 금기가 있다. 자기 자신의 환경, 상식, 그리고 관계의 형태에 따라서 자신이 전달하고자 하는 메시지에 적합한 접촉의 강도가 결정된다. 거리감(distancing)이다. 종종 공간이나 영역으로 알려진 거리감은 접촉과 밀접하게 관련되어 있다. 즉, 거의 모든 사람들은 자기 자신의 사적인 영역으로 생각하는 개인적인 공간의 경계선을 자기 주변에 쳐 놓고 있다. 사람들은 자신의 공간이 침해받게 될 경우에 긴장하고, 경계심을 갖고, 당황하게 되어 자신과 타인 사이에 거리를 두고자 할 것이다. 그리고 자신이 타인과 어떤 형태의 인간관계를 가지느냐 하는 것은 자신이 바라는 거리의 형태를 결정하는 데 있어 중요한 요인이 될 것이다.

(5) 제스처(gesture) 의사소통

제스처는 손짓, 발짓, 몸짓 등 신체의 움직임에 의한 비언어적 의사소통 행위들을 말한다. 이러한 비언어적 행동은 누구에게나 공통된 욕구나 필요성에 의해서 유발되기 때문에 각 문화 간에 유사성을 찾아볼 수 있다. 울고, 웃고, 화날 때 펄펄 뛰는 일, 손들어 인사하기, 배가 아프면 배를 만지는 시늉을 하는 행위 등은 보편적인 비언어적 행동이라 할 수 있다. 그러나 문화권에 따라 신체의 움직임의 의미가 달라지는 경우가 허다하므로 각 문화권마다 다르게 나타나는 신체 언어를 아는 것도 문화권간의 의사소통에서 중요한 요소가 될 것이다. 환한 웃음과 발랄함이 최고의 서비스로 통하는 곳이 있는가 하면 절제된 아름다움과 다소곳함이 서비스의 기준이 되는 곳도 있다. 인사방법에 있어서도 한국에서는 고개를 낮게 내리는 인사법을 사용하지만 서양의 경우 손을 흔들어 표현한다. 대부분의 제스처는 타고나는 것이 아니라 의사소통 행위 속에서 배우게 되므로 문화 간에 상당히 차이가 있다. 그러므로 많은 사람들은 외국인의 독특한 행위자체를 오해하는 경우도 생길 수 있다. 이러한 행위들을 문화마다 받아들일 수도 있고 금기시 될 수도 있다. 제스처를 이해하지 못하는 것은 서비스 제공 시 큰 실수를 불러일으킬 수도 있다.

(6) 공간(space) 의사소통

무의식적으로 우리는 타인과의 상호작용에서 편안한 거리를 유지하고자 한다. 그러나 사람들이 타인과의 상호작용에서 어느 정도의 거리를 두었을 때, 편안함을 느끼는지는 우리가 맺고 있는 관계의 정도에 따라 다르다. 즉, 대부분의 사람들은 처음 보는 사람보다는 가족과 더 가까이 있는 것이 편안하다고 생각한다. 공간의 사용과 의식에서도 문화적 다양성이 나타난다. 무의식적으로 인간이 상대방과의 사이에 취하는 거리는 자신의 안전 또는 종족보호를 위한 본능적 공간요구이나 이것을 느끼는 시각, 청각, 후각, 촉각 등을 망라한 인간의 감각기관은 배경문화의 영향을 받는 것이므로 동일하게 작용하지 않고 같은 공간거리 일지라도 각각의 문화에 따라 다르게 느껴진다(문혁준 외 5인, 2012).

04 의사소통의 요소

의사소통의 요소는 송신자, 수신자, 그리고 피드백이다.

첫째, 송신자다. 송신자는 생각, 감정, 정보 등을 말로써 전달하는 사람, 즉 화자를 의미한다. 그런데 말한다는 것은 전달과정에서 정확도가 떨어진다. 때문에 의사소통은 신중을 기해야 한다. 예를 들면, 10분 동안의 강의를 들은 대학생들에게 강의 직후에 그 내용에 대한 기억 정도를 확인하는 실험 결과 50% 정도의 내용만 기억하고 그나마 기억내용 중의 절반 정도를 48시간 이내에 망각한다는 사실이 연구 결과 확인되었다. 뿐만 아니라 송신자의 말이 두 사람을 통해서 최종 수신자에게 전달되는 과정에서 약 10%의 내용이 없어지거나 왜곡되는 현상이 생기는 것으로 나타났는데 이러한 사실은 말로써 정확하게 의사소통하기가 쉽지 않다는 점을 잘 보여주고 있다. 따라서 이러한 문제를 해결하기 위해서는 내용이 길고 복잡한 메시지는 서면으로 전달하는 것이 필요하다. 흔히 인간관계 훈련에서 자주 실시되는 게임의 하나인 '일방적·쌍방적 의사소통 게임'을 통해서 정확한 의사소통의 어려움을 체험해볼 수 있다. 송신자의 정확한 의사소통에 영향을 미치는 요소에는 먼저 음성이다. 음성은 많은 경우에 음성을 통해 감정(정서) 상태가 나타난다. 때로는 의식하지 못할지라도 타인의 음성을 들어보면 그의 감정 상태를 짐작할 수 있다. 예를 들면, 같은 내용의 메시지라도 큰소리로 이야기하면 화가 났다는 사실을 알 수 있으며, 경우에 따라서는 소리가 작더라도 강한 음성으로 이야기함으로써 화가 났다는 사실이 알려질 수 있다. 감정상태다. 의사소통에 있어서 가장 중요한 감정적 요소는 열망이다. 즉, 자신과 타인을 이해하려는 열망이 강할수록 그만큼 의사소통의 내용을 잘 이하게 된다. 타인의 말을 잘 이해하기 위해서는 그렇게 하고자 하는 열망을 가져야 한다. 열망이 있음에도 불구하고 남의 말을 제대로 이해하기 어려운 것은 바로 사람이 자신의 감정(정서)로부터 분리되기 어렵다는 점이다. 즉, 우리는 어떤 감정을 가졌을 때, 그 감정에 빠지는 경향이 있다. 그래서 의사소통과정에서도 흔히 의사소통의 내용이 청자가 가진 감정의 강도만큼 채색되어 왜곡되기도 하고 오해되기도 한다. 다시 말해서 만약 어떤 사람이 화가 났다면 송신자의 의사소통 내용을 화난 감정 상태에서 이해하게 되고, 만약 우울한 상태에 있다면 그것을 우울한 감정 상태에서 이해하게 된다. 사실 이성에 따라 판단하고 행동하는 것이 바람직하다는 것은 알지만, 감정이 안정 상태에 있을 때만 이성적인 판단이나 사고가 정확하고 객관성을 띠게 된다. 심신에 불안이나 긴장과 같은 감정 상태로 가득 찬 상태에서는 이성과 사고 활동은 능률을 잃고 판단이 잘못되기 쉽고 왜곡된 지각을 하는 경향성이 커진다. 이처럼 감정상태가 의사소통과정에 영향을 미친다면 객관적으로 그리고 정확하게 의사소통하기가 그만큼 쉽지 않는 사실을 잘 알 수 있을 것 같다. 타인에 대한 감수성이다. 타인에 대한 감수성은 의사소통에 대한 열망으로부터 시작된다. 즉, 그것은 자신의 생각을 표현하고자 하는 열망뿐만 아니라 타인의 생각을 제대로 이해하고자 하는 열망을 말한다. 감수성이 있는 사람들은 타인의 사고방식과 가치의 틀을 이해하기 위해 필요한 노력을 기울이는 사람이다. 그런 사람에게는 타인의 생각과 가치관뿐만 아니라 자신의 생각과 가치관도 인식하는 능력이 요구된다.

둘째, 수신자다. 수신자는 송신자의 메시지를 듣고 받아들이는 사람이다. 의사소통은 결국 송신자의 메시지가 수신자에게 전달되는 과정이라고 할 수 있으며, 이렇게 볼 때 수신자는 송신자의 메시지가 최종적으로 전달되는 종착점이라고 할 수 있다. 효과적인 수신자가 되기 위해서는 적극적 경청(active listening)이 필요하다. 적극적 경청이란 청취(hearing), 이해(understanding), 기억(remembering), 반응(acting)으로 청취는 소리를 물리적으로 받아들이는 것, 이해는 메시지의 해석과 포괄적인 이해, 기억은 청취한 바를 파지하는 능력, 그리고 반응은 반응해보기다. 적극적 경청은 청자가 화자에게 관심과 주의를 기울이는 하나의 형태인데, 이는 단순히 듣는 것 이상을 포함하는 적극적인 과정이다. 사람들은 타인에게 관심을 보일 때 의사소통의 내용을 제대로 이해하기 위해 관심을 두게 된다. 이 과정에서 관심을 기울이지 못하게 방해하는 내적 그리고 외적인 자극들을 배제하게 된다. 물론 이러한 일이 쉬운 것은 아니다. 왜냐하면 인간의 감각은 온갖 종류의 자극에 노출되어 있을 뿐만 아니라 때때로 마음이란 것은 특정한 생각에 얽매이기 쉽기 때문이다.

어느 의사소통 전문가의 한 연구에 의하면 보통의 사람들은 자기가 듣는 메시지의 25% 정도만 경청한다고 한다. 그리고 사람들은 그러한 경청능력을 타고나는 것이 아니라 후천적으로 학습을 통해 개발시킨다고 한다. 세상에 태어날 때 아무도 타인의 말을 경청할 수 있는 지식과 능력을 갖고 있지 않았다. 그것은 오히려 후천적으로 학습되고 개발되어야 하는 기술이다. 그러나 불행히도 그것은 우리의 학교 교육 제도 하에서는 체계적으로 개발될 수 없었다. 학교에서 읽기, 쓰기, 계산하기를 비롯한 인지적인 여러 능력은 가르치지만 남의 말을 경청하는 법에 대해서는 제대로 가르치지 않는 것이 현실이다. 일반적으로 효과적인 경청의 습관으로는 '평가하지 말고 들어라', '타인의 말을 섣불리 짐작하여 듣지 말라', '타인이 말하는 동안에 지나치게 메모하는 모습을 보이지 말라', '경청하는 체하지 말고 진지하게 경청하라', '때때로 타인의 말의 내용과 함께 감정에도 관심을 보이라'이다. 적극적 경청에 있어서 활용할 수 있는 한 가지 기법이 있는데, 그것은 거울기법(mirroring)이다. 이것은 화자가 상대방의 언어 및 비언어적 메시지를 거울과 같이 되비쳐 주는 기법이다. 이것을 일종의 상대방의 메시지를 재진술하는 것으로 이해될 수도 있지만 오히려 그것 이상으로 그의 기분과 외적인 모습이나 움직임까지도 반영해주는 것을 말한다.

셋째, 피드백이다. 피드백은 의사소통 과정의 여러 부분과 요소들에 영향을 미치고 이들을 연결시킨다. 원래 피드백이란 전자공학에서 사용된 말인데, 정보가 송출되었던 원래의 지점으로 그 정보에 대한 반응을 다시 되돌려 보내는 것을 말한다. 예를 들면 로켓이 발사될 때 그것은 발사기지 본부를 향해 자신의 궤도에 관한 정보를 계속 보내도록 장치되어 있는데, 본부에서는 그 정보를 바탕으로 로켓이 궤도를 제대로 가고 있는지 여부를 판단하게 된다. 그러나 만약 그것이 궤도를 이탈한 것으로 판명된다면 궤도수정 메시지를 로켓에 피드백 해준다. 이렇게 함으로써 로켓은 궤도를 정확하게 순항할 수가 있는 것이다. 결국 피드백은 송신자와 수신자를 연결해주는 역할과 함께 송신자가 제대로의 기능을 수행할 수 있도록 하는 역할을 한다고 볼 수 있다. 의사소통에 있어서도 청자와 화자는 서로 끊임없이 피드백을 교환하는데 그것은 고개를 끄덕이거나 가로저음, 얼굴을 찡그리거나 미소를 짓는 식의 비언어적인 방법이다. 그리고 직접적으로 말을 하는 언어적인 방법으로 이루어진다. 여기서 화자에게 긍정, 시인, 인정하는 것으로 인식되는 반응인 미소나 고개 끄덕임을 보이는 피드백을 긍정적 피드백(positive feedback)이라 부르고 부정, 무시, 무관심으로 인식되는 반응인 시선을 멀리하거나 고개를 가로저음 또는 얼굴을 찡그리게 보이는 것은 부정적 피드백(negative feedback) 이라 부른다. 이 피드백 때문에 화자의 메시지는 청자에게 제대로 전달되고 또 정확히 이해될 수 있다. 즉, 화자는 청자의 피드백을 통해 자신의 의사소통방법을 수정하거나 보완함으로써 자신의 메시지가 보다 정확하게 전달되도록 신경 쓰게 된다. 그러므로 의사소통에 있어서 이 피드백의 기능은 대단히 중요한데, 그럴수록 효과적인 피드백을 위한 지혜가 필요하다. 정확한 의사소통을 위한 효과적인 피드백의 요소는 적시성, 적절한 빈도, 정확성이다. 적시성은 이미 앞의 감정표현과 자기노출에 관한 장에서도 살펴본 바가 있는 것으로 피드백이 시간적으로 적절하게 이루어져야 한다는 뜻이다. 즉, 피드백이 너무 빨리 주어져도 안 되지만 너무 늦게 이루어져도 안 된다. 적절한 빈도란 피드백은 적절한 빈도로 이루어져서 청자와 화자가 정확한 의사소통을 계속할 수 있도록 자극을 줄 수 있는 것이어야 한다는 뜻이다. 흔히 우리는 대화할 때 상대방으로부터 아무런 반응이 없으면 제대로 대화가 되어 가는지 신경 쓰이게 되며, 따라서 마음이 불편함을 느끼는 경우를 경험한다. 그러나 상대방으로부터 적절한 빈도의 반응을 계속 얻을 때 의사소통은 보다 순조롭게 잘 이루어진다. 정확성은 피드백이 정확하게 이루어져야 한다는 뜻이다. 너무나 당연한 논리이겠지만 정확한 피드백을 통해서만 효과적인 의사소통이 이루어질 수 있음은 물론, 정확하지 않은 피드백은 하지 않는 것보다 못한 결과를 초래할 수도 있는 것이다. 피드백의 한 형태로 침묵을 생각할 수도 있다. 침묵은 때때로 상대방의 메시지에 대한 부정의 표시일 수도 있고 또는 신중하게 생각을 하고 있다는 표시일 수도 있다. 그러므로 효과적인 의사소통에 있어서 침묵의 역할에 대해서 잘 이해할 필요가 있다. 침묵에는 세력적 침묵(silent power), 불확실성의 침묵(silence of uncertainty), 동의의 침묵(silent accord), 부정의 침묵(silent disapproval) 있다.

세력적 침묵(silent power)은 의사소통 중에 어느 한쪽이 침묵을 지킴으로써 상대로 하여금 말을 하지 않을 수 없도록 만드는 '세력'을 가진 침묵이다. 면접과 같은 상황에서 면접자가 질문을 던져 놓은 후에 침묵을 지키고 있으면 피면접자는 대답을 하지 않으면 안 될 것 같은 부담을 느끼게 되는데, 이때 면접자의 침묵은 세력을 가진 침묵이 된다. 불확실성 침묵(silence of uncertainty)은 만약 상대가 무엇인가에 대해서 골똘히 생각을 하고 있는 것으로 보인다면, 그에게 개입하기가 어려워진다. 그러니까 그는 지금 무엇인지 모르지만 그것에 대해 생각을 하느라 침묵을 지키고 있으므로 그러한 침묵의 시간을 어느 정도 허용하는 것이 필요하다. 동의의 침묵(silent accord)은 상대방의 견해나 메시지에 동의하는 뜻으로 침묵한 채 고개를 끄덕이거나 미소를 지을 수 있다. 이때의 침묵은 별 다른 말이 없더라도 동의의 뜻으로 해석될 수 있다. 부정의 침묵(silent disapproval)은 얼굴을 찡그리거나 가로젓고 입술을 오므리는 등의 표정을 지으면서 침묵하는 것으로, 이것은 상대방의 메시지에 동의하지 않는다는 피드백으로 해석될 수 있다(설기문, 2002).

05 의사소통 행동

의사소통 행동이란, 의사소통 과정에서 사용되는 관찰 가능한 언어적, 그리고 비언어적 행동으로 여기에는 말, 표정, 시선, 몸짓, 자세, 준언어(paralanguage) 등이 포함된다(권윤아·김득성, 2008). 비언어적 의사소통 행동은 정서를 전달하기 때문에 그 효과가 언어적 의사소통 행동만큼 강력한데, 특히 경멸과 냉담은 비언어적 의사소통 행동을 통해 잘 전달된다. 의사소통 행동에는 자신의 감정이나 생각을 효과적으로 표현하고 인내심을 갖고 상대의 설명을 경청하는 긍정적 의사소통 행동이 있는 반면, 상호 비난하고 자신의 주장만을 고집하며 상대의 말을 건성으로 듣거나 무시함으로써 상황을 악화시키는 부정적 의사소통 행동도 있다(이두원, 2009).

첫째, 긍정적 의사소통 행동이다. 부부간의 부정적 감정이나 갈등을 완화하고 문제해결을 도우며, 결혼 만족도를 높이는 긍정적 의사소통 행동으로는 자기주장과 경청을 들 수 있다. 자기주장은 자신의 생각이나 감정을 상대방에게 솔직하고 분명하게 나타냄으로써 자신을 상대방에게 잘 이해시키는 기술이며, 경청은 상대방의 말을 충분히 이해하기 위해 주의 깊게 듣고 들은 내용을 바꾸어 말하기 하며 이해하지 못한 부분은 질문을 통해 명료화하는 것이다(권윤아·김득성, 2008).

둘째, 부정적 의사소통 행동이다. 부정적 의사소통 행동으로는 Gottman(1994)의 네 가지 역기능적 의사소통 행동, 즉 비난(criticism), 경멸(contempt), 방어

(defensiveness), 냉담(stonewalling)을 들 수 있다. 이러한 행동들은 부부간의 효과적인 의사소통을 방해해서 갈등과 불화를 지속시키고 결혼생활을 파국으로 몰아가는 치명적인 영향을 미친다.

비난(criticism)이란, 배우자에게 불만이 있을 때, 배우자가 잘못한 구체적인 행동이 아닌 성격이나 인격, 능력 등 개인적 특성을 보편화·일반화하여 공격하는 것이다. 비난은 무의식적으로 시작될 수 있고 억압된 분노를 표출하기 위해 사용될 수 있지만 너무 자주 비난하거나 상대 배우자가 비난에 예민할 때는 문제가 된다(권윤아·김득성, 2008).

경멸(contempt)은 비난과 달리 모욕적인 의도를 가지고 배우자를 심리적으로 학대하는 것으로, 배우자를 경멸로 대하면 상대 배우자는 방어하게 된다. 경멸은 결혼관계를 파괴하는 힘이 가장 강하며(Gottman, 1999), 경멸이 관계를 압도하게 되면, 배우자의 긍정적인 특질들이 완전히 잊히게 된다.

방어(defensiveness)는 상대방의 공격을 피하고 자신을 보호하기 위한 모든 행태의 시도를 의미한다. 배우자에게 솔직하게 대하지 않고 내게는 문제가 없다는 태도로 끊임없이 자신의 무죄함을 변명함으로써 결국에는 배우자에게 잘못을 돌리는 은근한 반격이다. 부부 중 한 사람이 경멸의 행동을 하면 다른 한 사람은 방어적으로 반응하는데, 이것은 부부간의 의사소통을 방해하고 관계를 더욱 어렵게 만든다.

냉담(stonewalling)은 침묵이나 무반응, 대화 상황에서 벗어나는 도피반응과 같이 배우자와의 의사소통을 회피하고 신체적 거리감, 정서적 무관심을 나타내는 것이다. 냉담은 부부간의 장벽을 쌓는 행동으로 비난에서 냉담으로 옮겨가면 결혼생활이 실패로 끝날 위험이 높아진다.

〈표 1〉 Gottman의 역기능적 의사소통 행동

구분	언어적 행동	비언어적 행동
비난	• "당신은 절대로~" 또는 "당신은 항상~"로 시작하는 말 • 여러 불평불만을 몰아서 길게 늘어놓기 • 손가락질하면서 판결을 내리는 말 • 배우자를 못 믿겠다고 책망하는 것	• 손가락질
경멸	• 모욕하기 • 가시 돋친 말로 욕하기 • 적대적인 유머 • 조롱 투의 말 또는 빈정거림	• 코웃음 치기 • 입술 삐죽거리기 • 눈동자 굴리기 • 멸시하는 눈빛
방어	• 책임을 부인하거나 결백 주장하기 • 변명하거나 '당신도 마찬가지'라고 받아치기 • 배우자의 말을 무시하고 자기 입장만 되풀이해서 말하기 • 푸념하기	• 건성으로 듣기 • 거짓 미소 • 팔짱 끼기 • 다리 꼬기
냉담	• 방을 나가면서 "당신과 말하기 싫어. 당신은 항상 옳고 나는 항상 틀리지"라고 하는 말	• 굳은 표정으로 입 다물기 • 눈길 주지 않기 • 방(집) 나가기

§ 출처 : Gottman, 1994, 가족관계, 문혁준·양성은·김혜금·천희영·권영인·조한숙, 2012, 창지사, pp.86-89.

06 바람직한 의사소통을 위한 열 가지 방법

1) 비판적인 단어나 감정이 실린 용어를 쓰지 말라.

상대방의 흠을 잡는 단어를 쓰지 않는다. '순전히 노력 부족이야', '어린애 같은 유치한 행동이야', '전혀 도움이 되지 않아', '도대체가 생각이 없어', '머리를 써라', '그렇게 밖에 못해?', '도대체 제대로 하는 게 없어' 등의 표현을 쓰지 않아야 한다.

2) 일반화된 이름 붙이기를 하지 말라.

상대방의 정체성에 대하여 일반화된 공박을 하는 것이다. 즉, 상대방의 행동 자체가 아니라 인간성에 초점을 맞추는 것이다. 어리석다, 미쳤다, 이기적이다, 게으르다, 쓸모가 없다, 너는 안 돼, 구제불능, 바보, 멍청이 등의 이름을 붙이지 말아야 한다.

3) 비난하고 정죄하는 식의 '너-메시지'를 쓰지 말라.

"너는 꼭 제출하기 직전에야 과제를 완성하더라."와 같은 '너-메시지'는 쓰지 말고, "네가 과제를 하지 않고 미루는 걸 보니 제출하지 못할까 봐 내가 걱정이 돼." 같은 '나-메시지'를 써야 한다. 이와 같은 '나-메시지'는 상대에게 직접적으로 이유를 돌리지 않으며, 비난하지 않는 진술법이다.

4) 과거의 일을 들추지 말라.

명확한 의사소통은 당면한 문제에만 초점을 맞추는 것이다. 과거를 돌아보는 것은 때로 문제를 긴 안목으로 보게 해준다. 그러나 옛이야기를 들추는 것은 상대방의 잘못에 대해 근거를 찾기 위한 경우가 흔하다. 특히 화가 났을 때 옛일을 들먹이지 않도록 한다.

5) 부정적인 비교를 하지 말라.

명확한 의사소통은 상대방이 자기 자신에 대해 나쁜 감정을 갖게 만들려는 것이 아니다. 그것은 상처를 주기 위한 것이 아니라 오히려 도움을 주기 위한 것이다. 부정적인 비교는 처벌하고 공격하는 것이다.

6) 위협을 하지 말라.

위협에 포함된 기본적인 메시지는 '당신이 잘못했으니까 내가 당신을 처벌할 것이다.'라는 것이다. '당신이 나쁘다.'라고 하는 메시지는 듣는 사람 입장에서는 고통스러운 것이다. 상처를 주려는 의도는 관계를 손상시킨다.

7) 감정적으로 공격하기보다는 그것을 말로 표현하라.

자신의 감정에 대해 말할 때 아주 명료한 단어를 사용한다. 감정으로 공격한다는 것은 그것을 무기처럼 사용한다는 말이다. 목소리가 커지고 비꼬기도 하고 차갑게 적대적으로 되기도 한다. 명료하게 의사소통을 하려면 목소리와 억양을 최대한 정상적으로 유지해야 한다. 그래야만 상대방이 과장 없이 당신의 감정을 들을 수 있다.

8) 개방적이고 수용적인 신체 언어를 사용하라.

신체는 당신이 의사소통에 얼마나 열려 있고, 그것을 얼마나 바라는지를 보여준다. 입술을 악물고, 주먹을 꼭 쥐고 있다면 몸은 당신이 이야기하고 싶지 않다는 것을 너무나 큰 소리로 말하고 있는 것이다. 몸이 의사소통에 열려 있게 하려면, 눈 맞춤을 유지하고, 듣는 동안 고개를 끄덕이고, 팔짱 낀 팔을 풀고, 약간 앞으로 향해 앉으며 얼굴 표정을 이완시킨다.

9) 전체 메시지를 사용하라.

의사표현을 할 때 관찰, 사고, 감정, 기대의 네 요소가 모두 포함될 때 분명하고 친밀감을 형성시킬 수 있는 대화가 될 수 있다고 한다. 네 가지 요소 중 하나 이상을 뺀 부분적인 메시지는 심각한 오해를 초래할 수 있다.

따라서 전체 메시지는 관찰, 사고, 감정, 기대의 네 가지 요소를 모두 포함하여야 한다. 예를 들면, "약속시간이 몇 시인데 지금 오는 거야?"라고 말할 때 묻는 사람은 친구에게 무슨 일이 생긴 건 아닌지 걱정 하는 것인데, 친구는 늦게 온 것에 대한 불만을 표하는 것이라 오해하여 자신의 입장을 이해 못한다고 짜증을 내게 된다.

10) 분명하게 말하라.

은연중에 암시하거나 질문을 가장하여 비난하지 말고 분명하게 본 것과 생각한 것과 느끼는 것과 원하는 것을 말해 준다. 예를 들면, "왜 나를 그런 식으로 쳐다봐?"라는 말은 실제로 그 이유가 궁금하다는 것이 아니라 그런 식으로 쳐다보는 게 기분 나쁘다는 뜻이다. "네가 나를 그렇게 쳐다보니까 내가 무엇을 잘못하지는 않았나 하는 불안한 느낌이 들어."(출처 : 다음카페 골목투어)

07 좋은 대화로 이끄는 방법

사람은 태어나서 죽을 때까지 계속 말을 하는데, 어떤 학자의 연구에 따르면, 한 사람이 평생 5백만 마디의 말을 한다고 한다. 원석도 갈고 다듬으면 보석이 되듯이 말도 갈고 닦고 다듬으면 보석처럼 빛나는 예술이 된다.

바람직한 대화로 이끌려면 다음과 같이 해야 한다.

- 같은 말이라도 때와 장소를 가려서 해라.
- 그곳에서는 히트곡이 여기서는 소음이 된다.
- 기왕이면 다홍치마! 말에도 온도가 있으니 썰렁한 말 대신 화끈한 말을 써라.
- 내가 하고 싶은 말에 열 올리지 말고 그가 듣고 싶어 하는 말을 하라.
- 입에서 나오는 대로 말하지 말라.
- 체로 거르듯 곱게 말해도 불량률은 생기게 마련이다.
- 상대방을 보며 말하라. 눈이 맞아야 마음도 맞게 된다.
- 풍부한 예화를 들어가며 말하라.
- 예화는 말의 맛을 내는 훌륭한 천연 조미료이다.
- 한 번 한 말을 두 번 다시 하지 말라. 일관성 있게 말하라.
- 믿음을 잃으면 진실도 거짓이 되어 버린다.
- 말을 독점 말고 상대방에게도 기회를 주어라.
- 상대방의 말을 끝까지 들어줘라.
- 말을 자꾸 가로채면 돈 빼앗긴 것보다 더 기분 나쁘다.
- 내 생각만 옳다고 생각하면 큰 오산이다.
- 상대방의 의견도 옳다고 받아들여라.
- 죽는 소리를 하지 말라. 죽는 소리를 하면 천하장사도 살아남지 못한다.

- 상대방이 말할 때는 열심히 경청하라
- 지방방송은 자신의 무식함을 나타내는 신호다.
- 불평불만을 입에서 꺼내지 말라. 불평불만은 불운의 동업자다.
- 재판관이 아니라면 시시비비를 가리려 말라. 옳고 그름은 시간이 판결한다.
- 눈은 입보다 더 많은 말을 한다. 입으로만 말하지 말고 표정으로도 말을 하라
- 조리 있게 말하라. 전개가 잘못되면 동쪽이 서쪽 된다.
- 결코 남을 비판하지 말라. 남을 감싸주는 것이 덕망 있는 사람의 태도다.
- 편집하며 말하라. 분위기에 맞게 넣고 빼면 차원 높은 예술이 된다.
- 미운 사람에게 각별히 대하라. 각별하게 대해 주면 적군도 아군이 된다.
- 남을 비판하지 말라. 남을 향해 쏘아 올린 화살이 자신의 가슴에 명중된다.
- 재미있게 말하라. 사람들이 돈 내고 극장가는 것도 재미가 있기 때문이다.
- 누구에게나 선한 말로 기분 좋게 해주어라. 그래야 좋은 기의 파장이 주위를 둘러싼다.
- 상대방이 싫어하는 말을 하지 말라.
- 듣고 싶어 하는 말 듣기에도 바쁜 세상이다
- 말에도 맛이 있다. 입맛 떨어지는 말을 하지 말고 감칠맛 나는 말을 하라.
- 또박또박 알아듣도록 말하라.
- 속으로 웅얼거리면 염불하는지 욕하는지 남들은 모른다.
- 뒤에서 험담하는 사람과는 가까이 말라. 모진 놈 옆에 있다가 벼락 맞는다.
- 올바른 생각을 많이 하라. 올바른 생각을 많이 하면 올바른 말이 나오게 된다.
- 부정적인 말은 하시도 밀고, 듣지도 말고, 전하지도 말라.
- 부정적인 말은 아무런 이득이 없는 말이다
- 모르면 이해될 때까지 열 번이라도 물어라. 묻는 것은 결례가 아니다.
- 밝은 음색을 만들어 말하라. 듣기 좋은 소리는 음악처럼 아름답게 느껴진다.
- 상대방을 높여서 말하라. 말의 예절은 몸으로 하는 예절보다 윗자리에 있다.
- 칭찬, 감사, 사랑의 말을 많이 사용하라. 그렇게 하면 사람이 따른다.

의 목표를 성취하지 못한다.

둘째, 자기표현적 의사소통이다. 자기표현적인 사람은 자신의 욕구와 권리를 정서적으로 정직하고 직접적으로 표현한다. 자기표현적인 사람은 자기 향상과 인간적 권리를 유지하나 타인의 권리를 침해하지 않는다. 따라서 자신에 대해 좋은 감정과 자신감을 가지고, 타인들도 그에 대해 존경심을 갖게 되며, 결과적으로 바라는 목표를 성취한다.

셋째, 공격적 의사소통이다. 공격적인 사람의 행동 특징을 보면, 그는 타인을 희생하여 자신의 욕구와 권리를 표현한다. 그는 정서적으로 정직하기는 하나 누군가를 희생하도록 표현한다. 그 순간에는 자기 향상을 느낄 수 있으나 부적절한 적의의 과잉반응 및 타인을 멸시하거나 창피를 주게 된다. 공격적인 사람은 당당한 우월감과 분노를 느끼지만, 나중에는 대부분 죄의식을 느낀다. 타인이 그를 보고 느끼는 감정은 분노, 원한, 복수심이다. 그는 타인을 희생하여 목표를 성취한다(노안영, 2008).

09 청소년의 부모-자녀 간 관계적 특성과 의사소통

청소년기는 모든 발달 영역에서 급격한 발달이 이루어진다. 특히 급속하게 이루어지는 신체적, 생리적 발달로 신체의 균형 상태가 깨어지면서 불안정한 정서 상태를 경험하기도 하고, 사회성의 발달로 부모에 대한 의존에서부터 벗어나 독립된 개인으로서 대등한 관계를 형성하고자 한다. 또한 신체적인 변화와 사회적 역할의 변화로 스스로에 대해 혼란을 느끼기 쉬우면서도, 자신의 위치와 역할, 앞으로의 가능성과 가치관 등에 대해 많은 고민을 하고 자아정체감을 발달시켜 나가는 시기이다. 이러한 발달단계상 특성으로 인해 청소년은 부모와의 상호작용에서 반항적 태도로 의견불일치를 이루거나 부모로부터 심리적 독립을 하고자 하면서 많은 갈등이 유발될 수 있다. 심리적 독립이란 부모에게 의존하던 아동기적 관계에서 벗어나 자신의 판단과 책임에 의해서 독립된 행동을 하려는 과정을 말하고(송정아·윤명선, 1997), 청소년의 보다 발달된 심리적인 성숙을 위해서 필요하고 중요한 발달과업의 하나이다. 그러나 부모자녀 관계가 권위와 순종의 관계에서 청소년 자녀의 독립적인 자기주장 능력의 발달로 관계 자체가 비기능적으로 되어(문성혜, 2002) 상호의사소통이 원만하게 이루어지지 못하고 유대관계를 형성하는 데 많은 어려움을 겪으며 이는 부모-자녀관계에서 다양한 문제들을 야기하게 된다. 이러한 문제해결에 있어 부모와 자녀간의 의사소통이 잘못된 방법으로 이루어진다면 부모-자녀 간 갈등의 요인이 더 심화될 수 있어 부모자녀 관계 향상을 위해 효율적인 의사소통 방법이 중요하다고 할 수 있다.

청소년의 부모-자녀관계에서 발생하는 구체적인 갈등영역을 보면, 숙제나 학교 성적, 형제·자매 관계, PC게임, 방청소, TV를 보거나 음악을 듣는 것과 같은 영역이었고(공인숙·이은주·이주리, 2005), 대부분 일상적인 가족생활 영역에서 빈번한 갈등을 겪고 있는 것으로 나타났다. 그러나 부모로부터 독립하기를 원하는 청소년들은 일상적인 영역에서 자주 부모와 갈등을 경험하면서도 앞으로의 진로와 가능성에 대해 많은 고민을 하는 시기이기 때문에 부모와 많은 대화를 필요로 하는데, 이것은 대화를 통하여 자아반성, 자아발견이 가능하고 청소년들이 갖고 있는 문제들은 일시적이고 유동적인 경우가 많아 대화를 통하여 예방할 수 있기 때문이다(송정아·윤명선, 1997). 부모와 청소년 사이의 의사소통은 부모에 대해 이러한 양가적 감정을 갖는 청소년들을 돕는 가장 효과적인 방법이라고 할 수 있다(최유진, 2007). 이는 청소년에게 있어서 의사소통 방법을 습득하도록 돕는 것이 부모와의 갈등을 해결하고 서로간의 이해를 도와 신뢰롭고 애정적인 관계를 만드는 데 효과적이라는 것이라는 것이다. 또한 부모-자녀관계를 단면적으로 설명할 수 있는 매개체가 의사소통인 만큼, 청소년기 가족 내에서 일상적인 의사소통은 부모-자녀관계의 질에 영향을 미치는 결정적인 요인이라고 할 수 있다(유지연·박정윤, 2005).

이상과 같이 청소년기의 급격한 심리적 발달 과정에서 오는 부모자녀 간의 갈등은 불가피한 것이고, 무조건 갈등을 회피하거나 억누르기 보다는 갈등의 발생을 줄이면서 나아가 갈등해결을 위한 의사소통 방법을 습득하는 것이 더 중요하다. 또한 청소년기에는 부모와의 관계를 원만하게 유지할 수 있는 것이 중요하며, 부모-자녀관계 향상을 위해 무엇보다도 효과적인 의사소통이 필요하다고 할 수 있다.

청소년의 부모-자녀 간 효과적인 의사소통 방법에서 부모-자녀관계를 위한 효과적인 의사소통 훈련법 중 구체적인 방법 제시로 실증적 효과가 높은 대표적인 방법이 Gordon의 P.E.T(Parents effective training)이다(김순옥, 2007). Gordon(1970)은 부모-자녀관계가 상호작용의 수준에 의해 결정된다고 보고, 효과적인 부모 역할 훈련에서 부모와 자녀가 효과적으로 의사소통할 수 있는 방법, 문제가 발생했을 때 해결하는 방법을 집중적으로 다루고 있다. 그 구체적인 방법으로 적극적 경청(active listening), 나 전달법(I-message), 무패방법(no-lose method)을 제시하며, 무패방법은 문제해결방법, 무승무법 등의 용어로 사용되고 있다. 이러한 방법은 부모들에게 자녀를 효과적으로 양육하는데 필요한 기술로 부모가 자녀행동의 의미를 파악하여 이해하고 자신의 감정을 솔직히 표현하는 기술 습득과 자녀와의 관계에서 발생하는 문제에 대한 효과적 대응방안으로서 의사소통 기술 습득을 목적으로 부모에게 하는 의사소통 훈련이다. 그러나 고든의 효율성 훈련은 기법중심으로 체계적이고 효과적으로 인간관계를 향상시키면서도 상호작용적인 의사소통의 의미에서 관계적인 측면을 보완하는 통합적인 의사소통 훈련방법으로서 모든 인간관계에 적용될 수 있는 일반적 인간관계이론이라고 할 수 있다(김명신, 2003).

먼저, 효과적으로 듣는 방법으로서 적극적 경청은 상대방의 이야기를 비판이나 판단 없이 그대로 수용하고 상대방의 감정을 진심으로 이해하고자 노력하는 태도로 경청한 후 자신이 이해한 바를 다시 상대에게 전달하여 적극적이고 진지하게 의사소통에 참여하는 것을 말한다. 즉, 의사소통에 참여하는 당사자가 듣고 있을 뿐 아니라 정확하게 이해하고 있다는 것을 나타내는 적극적인 피드백의 과정이라고 할 수 있다. 이러한 적극적 경청은 부정적인 감정을 진정시킬 수 있도록 도와주어 부모와 자녀 사이의 친밀하고 의미 있는 관계를 증진시킬 수 있다.

나-전달법은 효과적으로 말하는 방법으로 상대방의 행동이 자신에게 어떤 생각이나 느낌을 갖게 하는지를 상대방에게 진실하게 표현하는 의사소통 방법이다. 나의 감정을 일으킨 상대방의 행동을 객관적으로 말하고, 그 행동으로 인해 경험하는 나의 감정과 그 행동이 나에게 미치는 구체적인 영향을 '나'의 입장에서 상대방에 대한 비난 없이 말하기 때문에 서로의 솔직한 감정 전달을 유도하여 부모-자녀관계에 긍정적인 영향을 미칠 수 있다.

서로의 말을 적극적으로 들어주고 자신의 감정을 나-전달법으로 전달해도 부모자녀간의 갈등 부분이 남아 있을 수 있는데, 갈등해결방법은 문제해결의 대화로서 부모와 자녀사이의 갈등이 있을 때 효과적인 의사소통 방법이다. 갈등은 불가피한 것임을 인정하고 갈등이 반드시 나쁜 것만은 아니라는 것을 인식하여 갈등을 건설적으로 해결하는 것이 필요하다. 부모-자녀관계에서 갈등의 해결은 누군가 이기고 지는 승부 지향적으로 다루어지는 것을 볼 수 있다. 부모의 권위로 자녀의 의견을 고려하지 않고 부모가 해결책을 결정하여 자녀에게 따르도록 하는 부모가 이기는 방법이거나, 자녀가 부모의 말을 듣지 않아 자녀가 하고 싶은 대로 허용하면서 부모가 욕구를 포기하거나 양보하여 자녀가 이기는 방법으로 이루어지고 있다. Gordon(1970)은 전자를 제1의 방법, 후자를 제2의 방법이라 말하고, 두 방법 모두 어느 한쪽이 패배감을 느끼고 불만족을 내포하고 있기 때문에 완전히 갈등이 해결되었다고 보기는 어려워 승패에 관계없이 갈등과 문제를 해결하는 방법이 필요하며, 그 방법을 제3의 방법이라 하였다. 특히 청소년기의 자녀가 심리적 독립을 추구하면서 부모의 권위에 도전하게 되는 시기에는 부모가 권위적인 태도로 자녀를 일방적으로 따르게 하는 방법을 자녀가 받아들이려 하지 않기 때문에 제3의 방법이 효과적일 수 있다. 이 방법은 효과적인 갈등해결방법으로서 부모자녀 어느 한쪽이 이기고 지는 방법이 아니라 서로가 갈등해결의 과정에 참여하여 양쪽이 모두 수용할 수 있는 해결책을 찾으므로 서로의 욕구를 만족시킬 수 있으며 결국 양쪽 모두를 이기게 하는 방법이다. 갈등해결방법의 과정은 갈등 확인하기, 해결책의 가능성 타진과 검토하기, 가능성 있는 해결책의 평가하기. 최상의 해결책의 결정, 결정된 해결책을 시행하기, 후속 평가하기의 6단계의 과정을 거치게 된다. 각 단계에서는 적극적인 경청을 해야 하고 나-메시지로 자신의 의사를 전달해야 하며, 항상 갈등해결의 6단계를 거칠 필요는 없고 한 번에 서로 받아들일 수 있는 좋은 해결 방법이 나왔을 땐 바로 결정할 수 있다. 갈등해결방법을 통한 의사소통은 부모자녀가 함께 해결방안을 제시하는 과정에서 대화를 촉진시키고, 부모는 권위적인 태도가 줄어들고 자녀는 갈등해결에 적극적으로 참여하게 되어 효과적인 갈등해결과 함께 부모-자녀관계가 수용적인 관계로 발전할 수 있다(주현정, 2010).

10 의사소통 수단의 발달과정

봉수, 파발(기발/보발) → 전화(교환원) → 전화(전자식) → 인터넷/휴대전화/화상 전화

1) 봉수

낮에는 연기, 밤에는 불을 이용하여 나라의 중요한 일이나 위급한 일을 알렸던 옛날의 의사소통 수단.

2) 전화(교환원)

교환원이 전화를 연결해 주었던 초기의 전화기.

3) 전화(전자식)

교환원 없이 바로 상대방과 통화할 수 있는 전자식 전화기.

4) 휴대 전화

언제 어디서나 소식을 빠르게 전할 수 있는 휴대 전화.

5) 화상 전화

상대방의 얼굴을 보면서 통화할 수 있다.

11 의사소통 수단의 발달로 편리해진 점

1) 인터넷 쇼핑

가게, 서점, 백화점, 시장 등을 직접 가지 않고 필요한 물건을 쉽게 살 수 있다.

2) 재택근무

회사에 출근하지 않고 인터넷 등을 이용하여 집에서 업무를 처리할 수 있다. 그리고 직접 가지 않고 집에서 기차표, 버스표 등을 예매할 수도 있다.

3) 화상 회의와 화상 수업

멀리 떨어져 있는 사람과 얼굴을 보면서 회의를 하거나 공부할 수 있다.

4) 모바일 뱅킹과 인터넷 뱅킹

은행에 직접 가지 않고도 돈을 송금하거나 공과금을 납부할 수 있다.

5) 민원서류 발급

주민 센터나 구청, 시청 등에 직접 가지 않아도 인터넷이나 공공시설에 설치된 민원서류 발급기에서 민원서류를 발급받을 수 있다.

6) 차량 자동 항법 장치

위성 항법 장치가 내장되어 차량의 위치를 알려주고 목적지까지 가는 가장 빠른 길을 안내해준다. 보통 내비게이션이라고 한다.

7) 정보 검색 및 수집

인터넷을 이용하여 신속하고 편리하게 각종 정보를 검색하고 수집할 수 있다.

01 언어적 의사소통과 비언어적 의사소통이 무엇인지 설명하시오.

02 자신의 일상생활에서 언어적 의사소통과 비언어적 의사소통을 어떻게 사용하는지 사례를 들어 설명하시오.

03 자신이 일상생활에서 언어적 의사소통과 비언어적 의사소통을 사용할 때, 자신의 표정이 어떻게 바뀌는지 살펴보시오.

04 언어적 의사소통을 하는 자신의 행동과 얼굴표정을 사진으로 찍어 봅시다.

05 비언어적 의사소통을 하는 자신의 행동과 얼굴표정을 사진으로 찍어 봅시다.

06 언어적 의사소통과 비언어적 의사소통의 행동과 얼굴표정을 사진으로 찍어 본 결과, 어떤 차이점이 나타나는지 설명하여 봅시다.

07 비언어적 의사소통의 유형에는 어떤 것들이 있는지 예를 들어 설명하시오.

08 Satir의 의사소통인 회유형, 비난형, 초이성형, 방관형을 설명하시오.

CHAPTER 02 부부의사소통

01 부부의사소통의 필요성

많은 연구에서 부부의사소통은 성공적인 결혼과 관계가 있으며, 부부간의 의사소통의 실패는 불행하거나 실패한 결혼생활에서 거의 공통적으로 나타나는 현상이라고 하였다. 또한 의사소통은 결혼 만족도와도 높은 상관관계가 있으며(Gottman, 1993; Heavy Christensen & Malamuth, 1995; 박태영, 1998; Robert, 2000), 부부관세에 이르기까지 효과적인 관계 향상에 매우 큰 영향을 미치는 요인으로 지적되고 있다(방현주·이기숙, 2002). Mace & Mace(1976)는 깊이 있는 부부관계는 심도 있는 의사소통을 통해서만 이룩되고 유지될 수 있다고 보고 건강한 부부관계를 이룩하는 핵심요소로 의사소통을 지적하면서 효과적으로 부부유대를 위해서는 부부에게 필요한 정보를 제공한 후에 직접 의사소통 기술을 익히게 하는 방법이 필요하다고 제안하였다. Miller, Wackman & Nunnally(1975)의 약혼기에서 신혼기에 이르는 커플들의 성공적인 전환을 지원하는 조건들을 밝히는 연구에서도 효과적인 대화가 전환과정에서 중요한 요소임이 밝혀졌다.

외국의 경우 이러한 필요성에 의해 커플의 효과적인 의사소통을 위한 신혼기부부 교육프로그램이 연구·개발되어 활용되고 있으며 대표적인 프로그램으로는 MCCP(Minnesota Couples Communication Program, 미네소타 커플 의사소통 프로그램), RE(Relatioship Enhancement Program), Marriage Encounter Program, marriage Enrichment Program, PREP(Premarital Relationship Enhancement Program), Marriage Survival Kit, PARIS(Practical Application of Relationship) 등이 있다(Alan & David, 1981; 김광률, 2000; 김정옥 외, 2004; 장유미, 2000). 결혼생활 만족에 관한 많은 연구들을 보면 남편들보다는 아내들이 결혼생활만족이 떨어지는 것으로 나타나고 있고(이기숙, 1998; 정현숙, 1996), 아내들이 부부교육 프로그램에 더 많은 관심을 갖게 될 것임을 알 수 있다. 또한 남편들의 참여의지가 부족하여 개발된 부부교육 프로그램의 대중화가 어렵고, 참여의지가 있다 해도 바쁜 직장인에게 있어 장시간의 시간을 투입하는 것에는 더 큰 난관이 따른다. 그럼에도 모든 부부교육 프로그램은 부부가 함께 참여하도록 짜여 있어(박남숙, 2000; 유영주·이창숙, 2002) 도움을 받고자 하는 부부 들로부터 외면 받고 있다.

부부관계는 어느 한쪽의 영향이 다른 한쪽에 지대한 영향을 미칠 수 있는 아주 밀접한 관계이다. 따라서 본 연구에서는 신혼기에 있는 부부가 의사소통교육 프로그램에 참여하여 자신의 특성을 이해하고 통찰함으로써 궁극적인 결혼생활 만족 증진을 도모하는 데 있다. 즉, 결혼생활 만족증진을 위한 신혼기 부부 의사소통 교육 프로그램을 통해서 자신과 배우자의 성격 특성을 이해하며, 결혼생활 만족을 증진시키고, 서로의 입장차이로 인한 갈등을 감소시키며, 자아 존중감을 증진시키고, 또한 의사소통 기술을 습득하여 결혼생활에 활력을 줄 수 있는 프로그램을 구성하는 데 있다.

이를 위해 신혼기 부부의 높은 이혼율을 예방하는 가족복지적 차원에서의 사회사업실천의 필요성과 결혼생활의 만족과 질은 추구한다. 하지만 그를 위해 필요한 의사소통기술은 준비되어 있지 못하다. 이러한 현대의 신혼기 부부들에게 교육을 통하여 의사소통기술을 습득하게 함으로써 결혼의 안정성을 기하며, 건강하고 만족스런 부부관계와 가정을 이루도록 하기 위해 신혼기 부부 의사소통 교육프로그램의 개발과 효과성을 밝히는 데 본 연구의 필요성을 갖는다.

02 부부의사소통의 목적

Gottman(1999)은 자신이 개발한 부부교육프로그램에서 부부들의 부정적인 모습을 구태여 드러내지 않고 긍정적인 정서 및 감정을 환기시킴으로써 친밀감을 향상시키는 데 주안점을 두고 있다. 그는 부부관계를 개선하고 강화시킬 수 있는 실질적인 일곱 가지 원칙을 이끌어 내어 '건강한 부부의 집(Sound Marital House)'이라는 개념을 제시하였다. 그의 프로그램에서 부부간에 우정(friendship)을 가지고 있을 경우 행복한 결혼생활을 영위할 수 있다는 것을 강조하고 있다. 즉, 부부가 자신들의 부정적인 모습을 드러내지 않고 서로 긍정적인 부분들을 찾고, 이를 통해 긍정적인 정서가 풍부할 때 부부간의 친밀감이 형성되어 우정이 돈독해지며, 행복하고 만족스러운 결혼생활을 할 수 있음을 실험을 통해서 증명하였다. 그는 기존의 부부 프로그램들과 같이 의사소통 기술이나 갈등대처 기술 습득을 통해 부부의 문제를 해결하려는 것에서 탈피하여, 전반적인 부부관계에서 친밀성과 정서적 영역과 같은 부분에서 긍정적인 변화에 초점을 둔다. 즉, 본 프로그램개발에 있어서 본 연구에서 탐색·선정한 전반적인 신혼기 부부 교육 프로그램의 다섯 가지 요인 이외에도 Gottman이 부부프로그램에서 중요하게 다루고 있는 우정과 친밀감 형성을 본 프로그램의 기본 요소로 포함하였다. 이를 토대로 하여 부부간의 다양한 문제 및 갈등을 긍정적이고 원활하게 해결해가는 상호수용력을 향상시키고 더불어 '자조능력'이 강화되도록 내용구성을 체계화하였다. 그러므로 이와 같은 프로그램의 과정을 통해서 결혼생활의 만족을 증진시킬 수 있도록 일깨우는 신혼기 부부 의사소통 교육 프로그램개발에 본 연구의 주목적을 두었다.

더 나아가 본 프로그램개발 접근법에 있어서도 지금까지 대부분의 프로그램들과는 다른 양방향적 접근을 시도하여 다른 프로그램들과는 다른 차원의 노력을 기울였다. 현재까지 활용되고 있는 프로그램들은 부부관계를 강화하기 위한 상담 및 예방에 관한 프로그램들로서 외국의 경우 인지·행동적 접근, 인간중심 접근, 실존주의 접근, 게슈탈트 접근 등 다양한 접근 방법들이 있다(Mueser, Daiuto & Stickle, 1998; James, 1991; Snyder & Wills, 1989; 황경애, 2001; 김명자 외, 2005; 유영주 외, 1995). 국내의 경우에도 부부들에게 의사소통기술의 습득과 행동수정을 위한 인지적 재구조화에 초점을 맞춘 교육 프로그램들이 대부분이다(박남숙, 2000). 이는 전문적이고 지시적인 교육을 강조하는 일 방향적인 접근의 프로그램들로써 연구자는 이와 같은 전문가의 지시적인 교육에서 탈피하고자 한 것이다. 그러므로 인도자와 참여자, 그리고 부부가 상호 협력하여 바람직한 목표 달성을 창출해 내는 양방향적 접근을 프로그램에 접목하였다.

03 남성과 여성의 의사소통 비교

부부간의 의사소통에서 남성과 여성의 방식에는 차이가 있다. 일반적으로 남편은 아내의 이야기를 차분히 들어주지 못하고 대화를 지배하며, 상대방의 이야기를 중단시기고 주제를 바꾸는 경향이 있다. 아내는 남편에게 이야기를 많이 하고 싶어 하고 남편이 자신의 말을 잘 경청해 주기를 원하나 아내의 자기표현 기술 부족으로 인해 대화부족을 더 많이 경험하게 된다. 남성에게 대화란 문제해결책을 나누는 방법이다. 그래서 객관적 사실과 정보를 주고받는다. 여성에게는 개인적 관계를 위해 감정적인 지지와 공감을 얻기 위해 주관적인 대화를 한다. 그러므로 여성은 구체적인 경험을 세밀하고 상세하게 이야기 하게 된다. 어떤 문제가 있을 경우 남편이 들어주고 자기 입장을 이해하기만 해도 힘을 얻고 문제를 해결 할 수 있다. 그러나 남편은 문제 해결책을 제시해야 한다고 생각한다. 해결되지 않은 감정 문제만 되풀이하면서 여성의 감정을 고쳐 주려고 하는 것이 남성들이 가장 자주 범하는 잘못이다. 남성들은 여성이 문제를 이야기하며 동정하고 들어주는 귀를 원하는 것을 알아서 구체적이고 실제적인 해결책을 찾아야 한다는 부담감을 덜고서 대화에서 마음을 읽도록 노력해야 한다. 갈등에 대해 말할 때도 남성과 여성에는 차이가 있다. 남편은 빨리 실제적인 해결책에 도달하기를 원한다. 그러나 아내들은 문제를 터놓고 이야기하기를 원하고 있다. 왜냐하면 여성은 구체적이며 세밀한 대화 가운데서 공감과 친밀감, 그리고 이해받고 있다는 느낌을 경험하고 있기 때문이다.

1) 남성과 여성의 대화특성

〈표 2〉 남성과 여성의 대화 특성

남성의 대화 특성	여성의 대화 특성
사실과 정보전달, 문제해결과 일에 초점, 업적과 결과가 중요, 이성적·논리적·객관적, 질문을 간섭이나 참견으로 인식, 문제를 많이 생각하고 해결책 제시, 신뢰·안정·감사·격려받기를 원함, 경쟁심과 지배심이 중심	개인적 관계와 감정적 지지, 공감에 초점, 과정과 의견 나눔이 중요, 감정적·비논리적·주관적, 질문을 친밀감과 관심의 표현으로 인식, 문제를 우선 말하고 이해받기를 원함, 관심·존중·헌신·공감받기를 원함, 친밀감과 대등한 관계가 중심

그러므로 올바른 의사소통을 위해 남편의 대화를 하는 방법의 차이를 이해하고 인정하는 것이 꼭 선행되는 것이 필요하다. 그리고 서로의 부족한 점을 보완해 주고 긍정적인 대화를 할 수 있도록 서로가 지속적인 노력을 하는 것도 잊어서는 안 된다. 남녀의 의사소통 방식의 차이를 인정하고 서로에 대한 이해와 공감적인 자세를 가질 때 마음과 마음이 통하는 의사소통이 열리게 될 것이다.

2) 부부의사소통의 장애물

부부의사소통의 장애물은 첫째, 문화적 차이이다. 사람은 누구나 성장하면서 경험한 지역적, 사회적, 종교적 환경 등에 따라서 자신의 독특한 가치관이나 행동유형을 형성한다. 따라서 다른 문화 환경에서 성장한 두 사람의 결혼은 여러 측면에서 차이를 나타나게 되는데 이러한 영향은 의사소통의 규칙에 있어서도 차이를 나타나게 된다. 즉, 어떤 주제에 대해서 한쪽 배우자는 논의할 수 있다고 생각하는가 하면, 다른 배우자는 논의의 대상이 될 수 없다고 생각하기도 한다. 또한 먼저 이야기를 시작해야 하는 사람이 누구이어야 하는가에 대한 견해가 다르기도 하는 등 부부 사이의 의사소통의 규칙이 다르게 인지되어 장애를 느끼게 된다. 더군다나 의사소통을 하면서 특정한 지역의 사투리를 심하게 쓰거나 특정계층이나 일부의 세대만이 쓰는 비어, 속어 등을 사용할 때 진지한 대화를 방해하는 장애가 될 수 있다.

둘째, 성 역할 학습의 차이이다. 결혼생활이란 배우자를 이해하고 자신을 이해하고 성숙한 사랑과 인간적인 성장을 향하여 가는 삶이라고 할 때, 남녀의 성 차이와 성 역할에 대해 이해하는 것은 그 기본이 된다. 남성과 여성의 공통점을 보면 인간으로서의 기본적인 생존의 욕구, 생존 사랑과 자존심, 자아실현의 욕구를 지니고 지적인 능력과 감성적 능력, 심리적 특성을 가지고 있으며 아울러 지능, 창의성, 기계적 학습능력, 성적인 반응, 협동성, 지배성, 수줍음, 경쟁성 등은 남녀 사이에 차이가 없다. 반면 남녀에 대한 사회 문화적 기대가 다름으로 해서 성 역할 학습에 차이가 있다. 전통적으로 남자에게는 도전적·공격적·적극적·성취 지향적인 특성을 기대하고 여자에게는 수동적·의존적·애정적·정서적인 특성을 기대하여 왔다. 이러한 기대에 의하여 성역할이 내면화된 남녀의 행동유형은 부부관계에서도 나타나게 된다. 즉, 부부라는 친근한 관계에서 중요하게 여겨지는 표현적 행동을 남편들을 아내에게 나타내기가 어려울 것이나 아내들은 그것을 요구할 것이다. 그 결과 부부간에 하나가 되도록 연결지어 주며, 열린 마음으로 나누는 효과적인 대화를 하는 것에 지장을 준다.

셋째, 간접적인 대화다. 간접적인 대화는 해석의 어려움을 주게 된다. 이것은 의도하는 바를 확실하고 직접적으로 표현하지 않고 암시만을 보내서 수신자로 하여금 메시지의 진정한 뜻을 파악하기가 힘들게 한다. 예를 들어, 영화를 보고 싶으면서도 영화를 보러 가자고 직접 말하지 않고 어느 극장에서 좋은 영화가 상영한대요라고 말하는 것이다. 이렇게 말하고 난 후에 상대방이 이 말의 의미를 알지 못하여 영화를 보러 가자고 제안하지 않으면 자신의 요구가 거절되었다고 느끼게 되는 것이다.

넷째, 모순적이 대화다. 모순적인 대화의 의미는 한 사람에 의하여 여러 가지 다른 메시지가 보내질 때 발생한다. 모순적인 메시지는 같은 의사소통 수준에서 보내질 수도 있다. 여기에서 의사소통수준이란, 내용측면과 관계측면을 의미한다. 즉, 무엇을 하자고 제안을 해 놓고 5분 후에 분명한 이유도 없이 마음이 바뀌어 하지 말자고 하는 것이나 또는 말로는 여행을 가자고 해 놓고 표정으로는 귀찮아하는 비언어적인 메시지를 보내는 유형이다.

다섯째, 방어적인 대화다. 방어적인 대화는 일반적으로 다른 사람으로부터 위협을 느낄 때, 취하는 행동을 말한다. 방어적인 행동을 하는 배우자는 대화에 있어서 상대 배우자를 이해하려고 하기 보다는 자기를 보호하려고 하며 따라서 상대방의 이야기에 대해서도 방어적 청취를 하게 된다. 어느 한쪽이 방어적일수록 상대방의 감정, 요구, 의도를 정확하게 인정하지 못하게 되므로 부부간의 대화의 중대한 장애요인이 되는 것이다(윤창섭, 2011).

3) 다섯 가지 사랑의 언어

게리 채프먼은 『다섯 가지 사랑의 언어』에서, 결혼 생활에서 사랑을 표현하는데 그 의미가 전달되지 못하는 근본문제는 '사람들이 서로 다른 사랑의 언어를 사용한다.'는 근본적인 진리를 간과하고 있기 때문이라고 하였다. 그는 부부관계에서 표현되는 사랑의 언어 중 자신이 사용하는 제1의 언어를 배우게 되면 그들의 결혼 생활은 새로워질 수 있다고 조언하였다.

다섯 가지 사랑의 언어는 '인정하는 말', '함께하는 시간', '선물', '봉사', '스킨십' 등이다. 자신이 이 다섯 가지의 사랑의 언어들 가운데 가장 좋아하는 '제1의 사랑의 언어'가 있고, 배우자가 가장 좋아하는 것이 있다. 자신이 좋아하는 것을 배우자가 알고, 배우자가 좋아하는 것을 자신이 알고 있을 때, 서로의 의사는 소통하게 된다. 반면 자신이 좋아하는 언어만 사용하고 상대방이 좋아하는 언어를 사용하지 못하는 경우, 부부 의사소통은 불가능하다. 그러나 대부분의 부부는 자신이 좋아하는 사랑의 언어를 추구하지, 상대방의 사랑의 언어에 대해서는 둔감할 때가 많다.

남편은 아내로부터 '인정하는 말'을 듣기 원한다. 신체적인 접촉이나 어떤 선물보다 "당신은 세상에서 제일 멋져.", "당신은 항상 믿을 수 있어.", "당신은 항상 잘할 수 있을 거야."라는 인정하는 말을 원한다. '죽고 사는 것이 혀의 권세에 달렸다'고 할 만큼, 말의 힘은 크다. 인정하는 말 한마디가 남편에게 가장 큰 힘이 될 수 있다. 남편은 다른 어떤 것 보다 아내로부터 인정을 받는 것이 좋다. 그러나 남편은 아내로부터 인정을 기다리는데, 아내는 남편이 하는 일마다 부정적인 반응을 보인다. 의사가 소통되지 않는다. 그 대신 가정에서 남편을 위해서 음식을 정성껏 만들고, 많은 '봉사'를 한다. 그러나 아무리 많은 봉사를 한다고 해도, 제1의 사랑의 언어로 소통하지 못함으로 갈등이 생길 수밖에 없다.

아내는 '함께하는 시간'을 원한다. 남편이 아내가 고생한다 싶어 일을 도와주거나 선물을 사주지만, 아내는 남편과 함께하는 시간이 가장 행복하다. 이는 누군가로부터 온전한 관심을 받고 싶은 것이다. 그런데 남편은 아내에게 아주 귀한 보석을 '선물'로 사 온다. 남편은 아내가 엄청 기뻐할 것을 기대하고, 남편을 인정해 줄 것을 바란다. 그러나 아내는 선물에 크게 기뻐하지 않고 반응하지 않는다. 서로간의 사랑의 언어가 다르기 때문이다. 그러다 보니 부부간에 깊은 의사소통이 이루어지지 않는 것이다. 그러므로 부부는 서로의 사랑의 언어를 발견해야 한다. 서로의 사랑의 언어로 대화를 할 때 의사소통이 이루어지는 것이다.

남편은 인정하는 말을 듣고 싶은데 아내는 봉사만 하고, 아내는 함께 있는 시간을 원하는데 남편은 스킨십만 원한다면, 두 사람은 불만만 쌓이고 갈등이 생길 것이다. 그래서 자신과 상대방의 사랑의 언어를 확인하고, 상대방의 언어를 이해하고, 충족시키면서 살아가는 노력이 필요한 것이다.

04 I-Message(나-전달법)

효과적인 부부 의사소통은 배우자를 인정하고 존중하는 의사를 전달하여 배우자의 긍정적인 정서를 유발함은 물론이고, 다양한 갈등의 상호 만족스러운 해결을 가능하게 하여 궁극적으로 자신과 배우자의 성장에 도움을 줄 수 있다. 미네소타 주립대학의 가족치료 교수인 올슨(D. H. Olsen)은 부부갈등을 건설적으로 해결하는 데 사용하는 의사소통 기술로 자기주장과 I-Message(나-전달법)를 사용하여 말하고 경청을 통해 듣는 것을 습득할 것을 제안하였다.

I-Message(나-전달법)는 나를 주어로 하여 자신의 생각, 감정, 바램, 경험을 솔직하게 말하고 자신이 말한 것에 대한 책임을 지는 의사소통법이다. '나-전달법'은 상대방을 비난하지 않고 이야기하므로 상대방은 방어적이지 않게 되

고 따라서 의사소통이 원활해진다. 반대로 '너-전달법'은 상대방이 듣기에 비난하는 말처럼 들리므로 상대방이 자주 방어적이 된다.

그래서 I-Message(나-전달법)는 자신의 느낌을 솔직하게 표현하고, 자신이 원하는 것을 구하는 능력으로, 자신의 주장이 상대방의 권리를 침해하지 않으면서 자신의 권리를 표현할 수 있다. "식사하는데 뛰지 마!" 하는 말을 I-Message로 하면, "나는 네가 뛰어다니면서 시끄럽게 해서 다른 사람들이 식사하는 데 방해가 될까 봐 걱정이 되는구나." '절대', '항상', '하지 마!' 등을 사용해서 비난하거나 책망하는 말투가 아니라, 자신의 감정을 솔직히 말하면서도, 상대방으로 하여금 방어적이 되지 않게 하는 것이다. 또한, "친구를 왜 때렸어!"는 "나는 네게 맞아서 아파하는 친구를 보니 마음이 너무 아프구나." "너는 왜 항상 늦니?"는 "나는 네가 늦지 않으면 좋겠구나."라는 언어로 바꾸어 사용할 때, 긍정적인 의사소통이 될 것이다.

I-Message(나-전달법) 대화법은 자신이 스스로 자신의 반응에 책임을 지고자 하는 태도이다. 이러한 태도는 내 반응이 내 안에 있는 어떤 것의 결과라는 사실을 나 자신과 상대방 모두에게 인정하는 것이다. 그리고 이러한 사실의 큰 의미는 부부가 자신의 반응을 인정하고 책임을 질 경우에 진짜 자기 자신을 발견 할 수 있다는 것이다. 부부가 개방적이고 솔직한 태도로 이러한 대화를 계속해서 사용한다면 부부관계는 더욱 성숙할 것이고 그 속에 참된 대화가 이루어질 것이다.

가장 가까운 사이이며 가장 깊은 사랑을 나누는 부부 사이에서도 바람직한 대화를 이끌어 가기에 많은 어려움들이 존재한다. 그렇다고 극복하지 못할 것은 아니다. 이제라도 부부간에 잃어버린 로맨스를 다시 일어나게 하고 끊겨 버린 부부의 대화를 회복하기 위해서 분명히 I-Message(나-전달법)를 극복해야 한다. 그리고 먼저 상대방을 이해하겠다는 자세로 I-Message(나-전달법)를 사용하여 걸림돌에 걸리지 않고 효과적으로 대화할 수 있어야 한다(이종대, 2011).

05 교류의사소통

교류란 교류적 자극(stimulus)과 교류적 반응(response)을 주고받는 것을 말한다. 다른 사람과 의사소통할 때, 세 자아상태 중 어느 한 상태에서 자극을 보내고 상대방도 자신의 한 자아 상태에서 반응을 하게 된다. 이렇게 의사소통을 주고받는 것을 교류(transaction)라고 하며, 자아상태 모델을 사용하여 연속적으로 일어나는 교류를 분석하는 것을 교류본연의 분석(transactional analysis proper)이라고 한다.

메시지를 보내는 자아 상태에 따라 의도가 다르며, 상대방의 어느 자아 상태로 메시지를 보내는가에 따라 기대히는 반응도 다르다. 부부관계에서 자신과 배우자의 욕구를 알고 이해한다면 자신과 상대방의 욕구를 충족시키는 행동을 촉진하게 되고, 궁극적으로 부부 친밀감에 긍정적인 영향을 줄 수 있다. 이와 같이 자극과 반응이 어떻게 오고가는가에 따라 상보교류, 교차교류, 이면교류로 나눈다.

1) 교류의 유형

(1) 상보교류(complementary transaction)

상보교류란 자극을 보내는 사람이 상대방에게 기대했던 자아상태에서 반응이 올 때를 말한다. 이런 상황에서는 교류가 계속 이어질 수 있다.

(2) 교차교류(crossed transaction)

교차교류란 말을 한 사람이 기대했던 자아 상태나 기능에서 반응이 오지 않고 다른 자아상태에서 반응이 오는 경우를 말한다. 이런 상황에서는 의사소통이 단절되거나 악화될 수 있다. 하지만 교류가 교차될 때, 상대방이 유도하거나 기대하는 자아상태 에서 다시 반응하면 다시 상보 교류로 전환될 수 있다. 즉, 상대방이 의도하고 기대하는 것을 알아차리고, 자신의 반응을 자각하고 유연하게 자아 상태를 이동할 수 있다면 원활한 교류를 할 수 있게 된다.

(3) 이면 교류(ulterior transaction)

이면교류란 한 번에 두 가지의 메시지가 전달되는 경우이다. 하나는 밖으로 드러난 사회적 수준의 메시지이고 또 하나는 속에 숨어 있는 심리적 수준의 메시지이다. 사회적 수준에서는 대부분 A대 A의 교류인 것 같으나 심리적 수준의 메시지는 P대 C간의 교류인 경우가 대부분이다.

이면에 깔린 저의가 문제가 되어 싸움을 하거나 교류를 중단하여 심리적 또는 정서적 거리가 발생한다. 사회적 수준의 메시지는 언어적으로 전달되지만 심리적 수준의 메시지는 목소리, 제스처, 자세, 얼굴표정 등 비언어적 메시지를 통해서 전달된다. 부부관계에서 일어나는 갈등의 대부분은 이와 같은 심리적 수준의 메시지 때문에 발생하는 본인 스스로는 자각하지 못하는 경우가 많다.

특히 우리나라처럼 정을 중시하는 문화에서는 표현한 행동보다 더욱 중요한 것은 마음이고, 상대방의 행동 뒷면에 있는 의도나 심정을 읽는 데 매우 민감하므로 추론한 속마음이 어떤 것이냐의 문제가 부부관계의 중요한 영향을 미치게 된다. 그러다 보니 부부 사이에 표현이 명확하지 않고, 이면교류를 할 가능성이 커지므로 오해할 가능성은 더욱 커질 것이다. 특히 부부간에는 특별한 상황에서 보이는 배우자의 반응을 마치 그를 대표하는 특성인 것처럼 생각하고 단정 짓게 되어 부부관계가 소원해지기도 한다(오명선, 2010).

2) 자아상태

교류분석에서 우리의 욕구와 상황에 의존해서 우리가 사용하는 세 가지 자아 상태가 있다.

(1) 부모자아상태

부모자아 상태는 아동이 대체로 초등학교에 입학할 때까지 형성되며, 개인이 자신이나 타인에게 강요하는 당위적인 명령으로 구성되어 있는 자아 상태로 개인의 생애를 통해 권위적 인물과 상호작용하면서 계속적인 적응이 이루어진다. 부모자아는 아동이 주로 자신의 실제 부모의 양육태도, 제도적 혹은 사회적 가치에 의해 형성된 것으로 믿어진다. 즉, 부모자아상태는 우리가 의미 있는 권위적 인물, 특히 부모로부터 가르침을 통해 가치를 통합하는 방법이다.

(2) 성인자아 상태

성인자아 상태는 개인이 현실세계와 관련해서 기능하는 성격의 부분이다. 이것은 성격의 합리적이고 객관적인 측면을 나타낸다. 성인자아 상태는 현재의 실제에 적용되는 자율적인 감정, 태도, 그리고 행동유형으로 특징된다. 그리고 성인자아 상태는 현실을 검증하고 문제를 해결하며, 다른 두 자아 상태를 중재한다.

그러므로 성인자아 상태는 성격의 균형을 위해 중심적 역할을 하며, 성격의 전체적인 적응과정에 가장 기여하는 부분으로 여겨질 수 있다.

(3) 아동자아상태

이 자아상태는 우리 각자의 아동기의 유물인 일련의 감정, 태도, 행동유형이다. 자발성, 창의성, 충동, 매력, 기쁨 등이 아동자아상태의 특성이다. 이것은 우리의 내부에 내재하는 성격의 흥미를 추구하고 어린애 같은 부분이다.

아동자아상태는 우리의 성격통합과 효과에 기여한다는 점에서 매우 중요하다. 그것은 돌보는 부모와 실제적 성인에 역작용하는 흥미 있는 생각, 충동, 행동의 원천이기 때문에 내적 강도의 원천이다(노안영, 2008).

3) 삶의 태도

교류분석에서 부모의 양육태도, 가정환경, 출생순위 등으로 형성된 부모자아상태, 현실 속에서 발달시킨 어른자아 상태, 아동기에 발달시킨 아동자아 상태는 기본적 욕구를 충족시키려는 노력과 결부되어 본인의 삶의 입장을 형성하게 된다.

(1) 자기긍정-타인긍정(I am ok, you are ok)

자기 긍정-타인긍정의 삶의 태도는 상호존중을 나타내는 것으로 아이가 세상에 어떻게 왔는가를 반영하는 입장이다. 아이의 정서적 및 생리적 욕구가 사랑과 수용하는 방식으로 충족되는 한 아이는 이러한 입장을 유지하고 승리자 각본을 유지한다. 예를 들면, 나도 이만하면 괜찮고 당신도 그만하면 괜찮다는 자신과 타인에 대한 긍정적 삶의 태도를 갖는다.

(2) 자기긍정-타인부정(I am ok, you are not ok)

자기 긍정- 타인 부정의 삶의 태도는 투사적 입장이다. 예를 들면, 나는 잘났고, 너는 별 볼일 없다는 입장이다. 어린아이가 심하게 무시당하거나 비난이나 억압을 당할 때, 또는 부모의 매질 등으로 인하여 타박상해를 받게 될 때, 나쁜 사람을 내가 아닌 다른 사람이라고 단정할 수 있다.

이러한 인생태도를 가진 사람을 다른 사람의 반응 없이도 생존할 수도 있다는 강한 편집적 태도를 보여 준다. 다른 사람들에게 저항적이며 자기아집 태도를 가지기 때문에 자기도취적인 우월감에 사로잡힐 수 있다.

그렇기 때문에 타인에 대한 극단적인 불신, 증오, 비난, 양심부재의 현상이 나타날 수도 있다. 비행이나 범죄자들이 주로 이 자세를 갖고 있으며, 심하게 타살 충동으로 연결될 수도 있다.

(3) 자기부정-타인긍정(I am not ok, you are ok)

이런 입장의 삶의 태도는 내사적인 것으로서 다른 사람과 비교해서 무력감을 느끼는 사람들이 공통적으로 취하는 입장이다. 예를 들면, 나는 별 볼일 없고, 너 잘났어 하는 입장이다. 이것은 인생초기에 일반적으로 어린애들이 취하는 최초의 자세다. 이 시기에 아이들은 부모의 애정 어린 존재의 인정자극들을 경험하기 때문에 타인에 대한 긍정성을 인정한다.

그러나 한편으로는 욕구충족에 있어서 자신은 거의 무능한 상태에 있기 때문에 다른 사람의 도움 없이는 생존의 위협을 느끼게 되고 많은 좌절감을 경험한다. 그 결과 어린아이는 '나는 별 볼일 없다.'라는 자기-부정적인 인생자세를 갖게 된다. 그리고 타인을 긍정적으로 평가하고 자기보다 우월한 것으로 지각한다. 이러한 자세는 자기비하로 이끌어지며 우울증적인 태도로 이끌 수 있다.

그러므로 이런 삶의 태도를 가진 사람은 열등감, 무가치감, 우울, 무력감과 같은 정서적 태도를 갖게 된다. 그러므로 이러한 자세를 취하는 사람은 '희생가'의 역할을 하며, 자학적 행동을 하고, 간접적 공격성을 표출하는 경향이 높다.

(4) 자기부정-타인부정(I am not ok, you are not ok)

이러한 삶의 태도는 무용론적 입장을 보이는 사람들에게서 나타난다. 예를 들면, 나도 별 볼일 없고, 너도 별 볼일 없다는 입장으로 비관론적인 태도이다. 부모에 의한 비판적, 부정적인 반응을 강하게 경험하면서 '나는 별 볼일 없는 아이이다.' 라는 생각을 갖게 되며, 이러한 생각이 지배적일 때, 부모의 어떤 반응들도 부정적으로 보게 되며, 부모의 반응을 거부하게 된다.

이러한 삶의 태도를 가진 사람은 어떤 노력도 기울이지 않으며 만사를 부정적으로 여기게 된다. 이러한 인생자세를 가진 사람은 삶의 의미를 상실하며, 자포자기하고 극단적인 퇴행상태나 정신분열의 상태에 빠지기도 하고, 심한 경우에는 자실이나 타살충동을 느낄 수 있다. '나를 포함하여 모두가 별 볼 일 없다'는 입장은 인생 자체에 대한 심한 회의감과 함께 인생의 막다른 골목에 와 있다는 부정적 태도에 빠져 있게 한다.

교류분석에서 상담자는 내담자가 자각, 자발성, 친밀성의 능력을 회복하도록 조력한다. 이러한 자율성을 성취하기 위해 내담자는 어린 시절에 부모의 금지명령에 대한 반응으로 형성한 초기 결정을 이해하고 변화시킬 힘을 가졌다는 것을 깨달아야 한다. 그리고 상담자는 내담자의 재 결단 과정에서 그가 초기 결정을 다시 경험하고 보다 건전한 새로운 결정을 할 수 있도록 도와야 한다.

교류 의사소통을 통해 우리는 주어진 상황에서 적절하게 다른 사람과 의사소통을 하기 위해서, 우리의 성격을 구성하고 있는 세 가지 자아 상태가 건전하고 발달되어야 한다. 만약 지나치게 부모자아 상태가 발달되어 다른 자아 상태를 배제하고 명령과 비판적인 자세만 견지한다면 다른 사람과의 의사소통에 문제가 된다(노안영, 2008).

응용문제

01 자신의 일상생활에서 일주일 동안 어떤 교류유형이 가장 많이 나타났는지 설명하시오.

02 교류유형인 상보교류, 교차교류, 이면교류를 설명하시오.

03 번이 주장한 삶의 입장인 자기긍정-타인긍정, 자기긍정-타인부정, 자기부정-타인긍정, 자기부정-타인긍정, 자기부정-타인부정을 설명하시오.

04 자신이 인간관계에서 가장 많이 추구하는 삶의 입장은 무엇인지 살펴보시오.

05 번이 주장한 교류유형에서 가장 건강한 삶의 태도는 무엇인지 설명하시오.

06 내담자가 삶의 입장이 자기긍정-타인부정일 경우 어떤 삶의 자세를 가지고 있을지 설명해보고, 상담자의 입장에서 이러한 내담자에게 어떻게 상담을 이끌어 갈 것인지를 설명하시오.

07 내담자가 삶의 입장이 자기부정-타인부정일 경우 어떤 삶의 자세를 가지고 있을지 설명하고, 상담자의 입장에서 이러한 내담자에게 어떻게 상담을 이끌어갈 것인지를 설명하시오.

08 자신의 일상생활에서 삶의 태도를 살펴보고, 자기긍정-타인긍정의 삶의 자세로 인지하고 능동적으로 바꾸는데, 어떤 어려움과 걸림돌들이 있는지 설명하시오.

CHAPTER 03

의사소통이 결혼생활 만족에 미치는 영향

01 결혼생활 만족에 대한 이론적 배경

1) 결혼 만족의 개념

결혼 만족(marital satisfaction)은 결혼 생활의 성공여부를 가늠할 수 있는 하나의 기준으로 결혼생활 전반에 걸쳐 부부가 느끼는 주관적 감정과 태도를 표현하는 일반적인 용어이다. 그런데 결혼 만족은 많은 연구자들에 의해 결혼행복(marital happiness), 결혼의 질(marital quality), 결혼 적응(marital adjustment), 결혼 성공(marital succession), 결혼 안정성(marital stability)이라는 여러 가지 용어로 정의되고 있다. 이것은 결혼 만족에 대한 개념이 확고하게 정립되어 있지 않았다는 것을 의미하며 '만족'이란 한 개인이 느끼는 충족의 정도가 매우 주관적이고 개인적이라는 것을 의미하는 것이다. 결혼 만족에 대한 여러 가지 정의 가운데서 Hill & Reiss, Nye(1979)등은 주관성과 객관성에 대한 견해로 두 가지를 제시하였는데, 첫째, 객관적인 견해로 '만족'이란 한 개인이 가지는 기대와 그 사람이 실제로 받는 보상과의 일치라고 하였다. 둘째, 주관적인 견해로 개인이 경험하는 만족과 불만족, 행복과 불행, 즐거움과 괴로움이라고 말한다.

또한 결혼 만족의 주관성에 동의하는 학자들을 보면 Hawkins, Jeries, Rollins, Fledman 등이 있으며, 그중 Hawkins(1968), Jeries(1979)는 개인이 결혼생활 전반에서 경험하는 즐거움, 만족, 행복 등의 주관적 감정 또는 태도로 결혼 만족을 정의하고 있다. 또 Rollins & Fledman(1970)은 결혼 만족을 '결혼생활에서 추구하는 목표나 욕구를 어느 정도 달성하였는가를 경험하는 주관적 감정이나 태도'로 정의하였다.

한편 국내 결혼 만족의 개념에 대해 김명자(1985)는 '결혼생활의 실제와 기대간의 일치에서 오는 개인의 관점에 따른 주관적 만족'으로 정의하였으며, 유영주(1976)는 '결혼생활 전반에 있어 부부의 행복과 만족에 대한 주관적 감정이나 태도'로 정의하였다. 또 김득성(1994)은 결혼 만족도는 '결혼생활에 대한 개인의 총체적인 평가를 의미 한다.'고 하였다(김희진, 2004).

이처럼 결혼 만족의 개념에 있어서도 객관성과 주관성을 지지하는 학자들이 구별되어 있으며, 견해 설정에 있어서도 객관적인 견해와 주관적인 견해로 나뉘어져 있다. 이와 같이 결혼 만족의 개념에 대해 한마디로 정의 하기란 어렵지만 여러 학자들의 견해를 종합해 볼 때 결혼 만족은 결혼생활 전반에 걸쳐 관련되어 있는 객관적 요인과 주관적 요인들에 의해 영향을 받는 다는 것을 알 수 있다. 특히 주관적인 견해는 결혼생활 전반에 걸쳐 즐거움, 만족,

행복, 목표달성의 정도를 개인이 경험하는 주관적인 반응에 기인한 것으로 정의할 수 있다.

2) 결혼 만족의 요인

결혼 만족 요인으로는 크게 심리적 요인과 인간관계적 요인으로 구별된다. 첫째, 결혼 만족에 영향을 미치는 심리적 요인을 살펴보면 1970년 이후 여러 연구를 통해 밝혀진 것처럼 성격, 가치관, 자아 존중감 등이 있다. 둘째, 결혼 만족에 영향을 미치는 인간관계적 요인으로는 의사소통, 역할기대, 갈등해결 방식, 성 역할 등을 들 수 있다.

우선 심리적 요인 중 첫째, 성격이 결혼생활 만족에 미치는 영향을 살펴보면 인간관계 요인보다 개인적 특성 요인인 성격적 특성이 결혼 만족에 더 많은 영향을 미친다고 Kelly & Conley(1987)는 주장했다. 그것은 상대방의 성격적 특성을 아는 것이 결혼생활의 만족과 안정성을 예측하는 데 도움을 줄 수 있기 때문이다.

Kelly & Conley는 50년간의 장기 연구를 통해 정서적으로 불안정한 성격특성이 결혼적응에 있어 결정적인 변수임을 밝혀내고, 이혼한 사람들이나 배우자에게 불 만족감을 느끼는 사람들의 경우에도 정서적 불안정수순이 높다는 것을 알았다. 뿐만 아니라 성격 특성 중 융통성 및 공감능력이 뛰어날수록 결혼적응과 정적상관이 있은 것으로 밝혀졌다(Kieren & Tallman, 1972).

이 외에도 충동적인 성격은 결혼 만족도와 부적상관을 가지며(Farrington, 1991), 외향적 성격, 특히 남편의 외향적인 성격은 결혼 만족도와 정적 상관관계를 보여(Richmond, Craig & Ruzicka, 1991) 성격특성이 결혼 만족에 영향을 미치는 중요한 요인임을 밝혀냈다(김희진, 2004 재인용).

둘째, 개인의 가치관 요인으로 도덕, 인생, 직업, 종교에 대한 가치관이 부부가 유사할수록 결혼 만족과 정적인 상관관계가 있음을 Atkinson(1985)이 밝혔다. 셋째, 결혼생활의 성패를 좌우하는 데 중요하게 영향을 미치는 요인으로 자아 존중감을 들었다(McCahan, 1983). 자아 존중감이 결혼 만족에 영향을 미치는 요인이라는 것을 밝히기 위해 Schafer & Keith(1999)가 부부를 대상으로 사전에 자아 존중감 검사를 하고 13년이 경과한 후 사후 검사를 실시한 결과 부부의 자아 존중감이 낮아진 것을 알아냈다. 그들의 보고에 의하면 자아 존중감의 감소 원인이 나이, 교육, 수입의 정도에 있지 않았고, 부부 적응에 영향을 받았다고 가정해 봄으로써 개인의 자아 존중감과 다양한 환경적 요인, 그리고 성장 배경과의 관계에 대한 연구가 필요함을 주장하여 성격, 가치관, 자아 존중감이 심리적 요인으로 주로 사용되는 변수임을 알 수 있다.

다음으로 결혼 만족에 영향을 미치는 인간관계적 요인으로 부부간의 첫째, 의사소통을 들 수 있다. Gottman(1993)은 부부간의 의사소통이 결혼 만족에 중요한 요인으로 작용한다는 것을 밝혔다. 결혼 만족이 높은 부부일수록 부부간의 의사소통에서 의견일치의 빈도가 높다는 것을 밝혔고, 부정적인 감정을 주고받는 빈도가 낮으며, 배우자의 비언어적 메시지를 보다 정확하고 빨리 알아차린다는 것을 밝혔다. 또 결혼 만족이 높은 부부일수록 부부간 의사소통 방법에서 긍정적인 방법을 사용하며, 갈등을 겪는 시간이 짧다는 것을 보고하였다. 부부간 의사소통의 내용도 개인적인 문제를 논의하는 시간을 길게 갖는다는 사실과 비난이나 불평의 말 보다는 인정하고 찬성하며 유머와

웃음으로 긍정적인 보상을 많이 주고받는 다는 사실을 밝혔다(Noller & Fitzpatrick, 1990).

둘째, 역할기대 요인으로 결혼생활을 유지하고 있는 부부와 이혼한 부부를 대상으로 부부간의 역할 기대 일치도와 결혼 만족과의 관계를 연구한 결과에 의하면, 이혼한 부부는 결혼을 유지하고 있는 부부보다 역할기대에서 큰 불일치를 나타냄을 주장하였다(Jacobson, 1952). 이는 배우자에 대한 역할기대와 역할수행에서 불일치가 발생할 때 결혼 만족도가 낮아진다고 보고한 것을 보더라도 결혼 만족과 부부간 역할기대가 서로 유의한 관계가 있음을 알 수 있다(Hawkins & Johnson, 1969).

셋째, 갈등해결 방식에 관한 요인으로 이 요인에 대한 관련 연구들(Yelsma, 1984; Christensen & Heavey, 1990; Gottman, 1993; Johnson, 1990; Robert & Krokoff, 1990; 김희진, 2004, 재인용) 에 의하면 결혼 만족이 높은 부부들은 갈등을 해결하는 방식으로 협상이나 유머, 이성적 대처방안으로 해결하는 반면, 결혼 만족이 낮은 부부들은 갈등이 발생하면 정면충돌 하여 언어적, 신체적으로 폭력을 사용하는 행동표출 대처방안을 사용 하거나, 갈등을 회피하고, 감정적 대처방안이나 외부 도움 요청방안, 방어기제를 사용하는 것으로 보고하였다. 이와 같이 결혼 만족에 영향을 미치는 갈등해결 방식이 실제로 결혼 만족도가 높은 부부와 낮은 부부의 비교에서 갈등의 존재 유무보다 갈등 대처 방법에서 유의한 차이가 나타남을 보고한 연구 결과를 뒷받침하고 있다. 또 성역할도 결혼 만족에 중요한 영향을 미치는 것으로 나타났다.

넷째, 부부의 성역할 요인으로 부인의 오르가즘 경험이 결혼 만족과 관련이 있다고 보고한 Terman(1983)과 부부의 성적 성숙과 성욕의 일치가 결혼

받는데(interaction), 이것은 인간, 가족, 사회가 상호영향을 통해 변화함을 의미한다.

〈표 3〉 분석수준과 개념의 예

분석수준	측정치 및 관찰단위	개념
개인	가족성원 개인	결혼의 상태
관계	최소단위는 2인 관계	의견의 일치
집단	최소단위는 결혼 및 가족의 사회규범에 의해 규정된 관계	응집성, 안정성
제도	단위는 행동의 총합(결혼 및 가족)	결혼과 가족을 규정하는 제도적 규범

§ 자료 : Boss · Doherty · LaRossa · Schumm · Steinmetz, 유계숙 · 최연실 · 성미애 역(1999). 가족학 이론, p.208.

또한 가족은 다소 폐쇄적(semi-closed)이고 삼투적(semi-permeable)이다. 가족집단은 경계가 있으며, 외부의 영향에 대해 완전히 폐쇄적이지도 개방적이지도 않으므로 외부의 영향이 스며들 수 있음을 암시한다.

이 같은 기본 가정은 시간이 다차원적(multidimensional)이라는 데 두고, 즉 시간을 하나(clock-time)로 보지 않고 사회적 과정의 시간으로 보면서 그 주기성(recurring-event)에 초점을 두는 발달, 규범, 역할, 지위, 단계, 사건, 역할 집합체, 역할 연쇄, 역할 복합성, 역할 상호성, 역할 전이시기, 발달과업 등 발달적 접근을 형성하는 주요 개념들로서 이를 보다 세분화 시켜 보면 다음과 같다.

첫째, 규범(norms)으로 규범에 대한 전통적 개념은 사회적 기대와 행동 모두를 포함한다. 즉, 사회적 규범은 특정한 사회적 위치에 있는 사람의 행동에 대한 사회적 규칙이라고 할 수 있다. 대개 한 제도 내에서는 잘 변하지 않는 정적인 규범과 연속성을 지배하는 규범인 과정(계열적)규범이 있다. 정적 규범은 연령집단이나 단계 내의 행동과 기대를 규정하며 과정규범은 기대와 행동의 타이밍과 순서를 규정한다. 실제로 이러한 과정규범은 가족사건과 단계에 대해 기대되는 순서를 결정한다(유계숙 외 역, 1999).

둘째, 단계(stages)로 단계는 선행하는 시기와 질적으로 그리고 현저하게 다른 시간상의 간격을 의미한다. 질적으로 다른 것은 가족 내의 구조와 역할, 그리고 상호작용에 의해 가족의 각 단계가 형성되기 때문이다(Klein·White, 1996). 이 같은 단계와 관련하여 가족발달론적 관점이 시사하는 바는 가족집단 구조가 일련의 단계들을 묘사하는 데 사용될 수 있다는 것이다. 이것은 가족구성의 가감(加減)에 따라 가족 간의 상호작용과 지위가 달라지며 동거의 여부에 따른 상호작용은 질적으로 다르다는 것, 그리고 가족구조의 변화는 전이적인 사건을 동반한다는 가족발달론의 일반적이고도 근본적인 가정(assumption)을 잘 보여주고 있다.

셋째, 사건(events)으로 사건은 가족의 전이를 측정하기 위해 사용된다. 말하자면 사건은 단계를 도식화하는 데 있어 중요한 요소이며, 단계의 개념과 불가분의 관계에 있다. 즉, 사건은 단계와 단계 사이의 전이점이라고 할 수 있다(Klein·White, 1996). 사건에는 발달적 요소를 내포하는 사건과 그렇지 않은 사건이 있다. 가족발달론에서 주목하는 것은 발달적 시사점이 있는 사건으로, 그 사건의 결과가 가족관계의 역할내용에 대해 질적으로 다른 규범적 기대를 암시해 줄 수 있는 것을 말한다. 다시 말하면 발달적 사건은 질적으로 서로 다른 규범을 지니는 두 단계 사이에서 전이로 특징 지워지는 사건이며 단계가 없는 사건은 발달적 중요성을 갖지 않는 사건이다(유계숙 외 역, 1999).

넷째, 전이(transition)로 전이는 하나의 가족단계에서 질적으로 구분되는 다른 단계로 이동, 변화하는 것을 의미한다. 가족전이가 지니는 이론적 중요성은 그것이 결혼 및 가족제도의 과정적 규범에 의해 규정된다는 점이다. 과정적 규범은 크게 두 가지로 나누어지는데 개인, 관계, 가족에 의해 사건이나 단계가 경험되고 통과되어야 하는 순서(sequence)와 사건이나 단계의 시기(timing)를 조정하는 것이다. 또한 새로운 발달과업이 단계보다는 전이시기 동안에 나타나는 경향이 있음을 고려할 때 전이 개념은 가족발달에 있어 중요한 접근방식이다.

다섯째, 발달과업으로 과업이라는 말은 발달적 상황에 반응하여 이루어져야 할 어떤 것을 암시한다는 면에서 매우 유용하다. 발달과업은 가족이 애정을 나타내고 가족성원들을 부양하며, 가족 이외의 사람들과 교제하는 것과 같이 기대와 책임의 역할을 수행하는 것을 배우는 것이다. 발달과업은 하위문화집단, 가족, 개인들마다 매우 다를 수 있다. 그러나 크게 가족관계의 몰입 정도, 의사결정 방법, 분리와 애착 간의 균형 설정 등의 세 가지 내용을 포함할 수 있다. 가족발달적 관점은 가족이 이러한 과업을 완수하는 데 보다 효율적일수록 여러 가족원들의 발달이 더욱 성공적이다(박경란·이영숙·전귀연, 2001).

이상의 가족발달론적 관점에서 시사하는 바는 전이와 그에 따른 역할, 규범 및 발달 과업의 변화가 이후에 전개되는 가족 상호작용과 체계에 많은 영향을 미친다는 것이다. 결혼이라는 사건을 통해 형성된 부부관계는 자녀 출생이라는 사건을 통해 부모기로 전이된다. 대개 이 사건은 신혼기에 진행되어지며 부부간의 상호작용과 역할담당의 측면에서 커다란 전기를 가져다주는 중요한 계기가 된다(박숙자, 1992). 또한 이 시기의 부부관계가 앞으로의 결혼생활 전체를 결정지을 수 있다(이광자, 1992). 즉, 가족발달론적 접근은 가족생활주기에 따른 부부의 결혼 만족도, 부부의 상호작용, 부부의 역할, 의사소통, 부부갈등 등 다양한 가족연구에 적용될 수 있다. 또한 인간의 생애를 통해 그들이 발달시켜 나가는 정서적인 문제를 이해하는 데 중요한 정보를 제공해 줌을 알 수 있다(박경란 외, 2001). 그러나 이러한 유용성에도 불구하고 가족발달론적 접근은 몇 가지 제한점을 갖는다.

첫째, 가족발달론은 다양한 가족형태에 대한 설명이 부족하다. 따라서 오늘날 다양하게 발생하고 있는 편부모 가족이나 재혼가족, 무자녀 가족, 조부모/손자녀 가족 등과 같은 가족형태를 분석하는 데에는 적합하지 않다. 둘째, 한 사건이 끝나면 반드시 다음 사건이 발생하는가 하는 측면에서 가족발달론은 단선적이라고 할 수 있다. 셋째, 전이과정에서 연속성 있는 설명이 부족하고 모든 가족의 가족경력(family career, life style)이 일치하지 않다는 점에서 다양성이 부족하다는 한계가 있다.

따라서 가족생활주기 전체를 조망해 볼 때 신혼기는 가족발달 주기상 매우 중요한 시기이므로 앞의 한계를 보완한 이 시기에 부부 의사소통교육이 실시된다면 이후 보다 효과적인 부부 및 가족의 상호작용이 이루어질 수 있을 것으로 기대된다.

2) 가족 기능론적 관점

가족 기능론적 관점 이론은 Olson(1979)이 응집과 적응이라는 기존의 개념들을 전문 용어로 새로이 구성하여 가족체계의 다양한 유형들을 설명할 수 있는 모델을 제시하면서 대두된 것이다. 발달적 쟁점들과 관련하여 이 모델은 가족생활주기에 따른 변화를 가정하는 가족체계에 대한 순환모델로서, 가족체계이론에 그 기초를 두고 있으며, 기능적 가족과 역기능적 가족을 평가할 때 많이 사용된다. 이 관점에서는 가족이 모델의 어떤 위치에 해당하는가를 정하는 것보다 가족의 응집과 적응의 정도에 대해 가족이 어떻게 인식하고 있는지를 더 강조한다.

가족 기능론적 관점에서의 순환모델은 응집성, 적응성, 의사소통이라는 세 가지 차원을 포함한다. 그 중 가족의 응집성과 적응성은 두 개의 중심적인 차원이 되며 서로 교차하는 두 축으로 조합되어 16가지의 다른 상태를 만들어 낸다. 세 번째 차원인 의사소통은 부부나 가족의 응집과 적응의 차원을 따라 이동하게 된다. 효과적인 의사소통은 부부관계 향상에 필수적인 요소이며, 이것은 전체 가족관계에도 영향을 미친다. 따라서 응집, 적응은 부부, 가족의 의사소통을 분석할 수 있는 적절한 배경이 된다고 볼 수 있다.

첫째, 가족응집성은 가족성원의 서로에 대한 정서적 결합의 정도 및 개인의 자율성 정도를 의미하며(Olson, 1993) 가족 간의 친밀감, 거리감, 정서적 지지와 같은 가족 간의 상호작용과정 그리고 결과를 결정짓는 1차적 기능을 설명하는 것이다. 다시 말하면 응집성은 외적으로는 가족의 경계선의 침투성과 내적으로는 가족 간의 친밀감을 나타내는 개념이라고 할 수 있다(김수연, 1998).

가족응집성은 정도에 따라 유리(disengaged), 분리(separated), 연결(connected), 속박(enmeshed)의 네 가지 수준으로 그 범주를 구분한다. 개인과 가족의 기능을 방해하는 극단적 수준의 응집성에는 유리와 속박이 있다. 유리는 극단적인 정서적 분리로서 가족성원 간의 개입도가 매우 낮고 개인의 자율성이 극대화되어 있는 상태를 말한다. 속박은 극단적인 정서적 결합 상태로 가족성원간의 의존도가 매우 높고 개인의 사적 공간을 허용하지 않는 상태로서 모든 에너지가 결혼 또는 가족관계 내부로 집중된다. 개인과 가족의 기능을 최적으로 촉진시키는 중간 수준의 응집성에는 분리와 연결이 있다. 분리는 정서적으로 어느 정도 분리되어 있으면서 때로 시간, 의사결정, 가족활동 등을 가족과 함께하는 상태이며, 연결은 정서적으로 약간 가까우면서 시간, 공간, 관심거리 등을 가족과 공유하는 것을 중시한다. 다시 말하면 응집성이 너무 높은 경우 오히려 가족 기능성이 떨어지고 개인과 관계적 발달의 문제가 발생할 가능성이 많은 반면에, 응집성이 중간 수준일 때 가족 기능성이 높아지고 가족의 기능과 개인의 발전이 원활하게 될 수 있다는 것이다. 그러나 어떤 관계에서도 최상의 단계는 없지만 관계가 언제나 극단에 있으면 문제가 발생할 수 있다.

둘째, 가족적응성은 상황적 또는 발달관계상의 스트레스의 반응에서 그들의 가족구조, 역할관계, 관계규칙 등의 변화에 대처하는 가족의 능력을 의미한다. 말하자면 가족이 만족스럽게 기능하기 위해서는 안정지향적인 과정과 변화지향적인 과정 사이의 균형을 통해 환경에 대처할 수 있는 능력이 요구된다(Olson, 1993; 박경란 외, 2001).

적응성은 정도에 따라 경직(rigid), 구조적(structured), 융통(flexible), 혼돈

(chaotic)의 네 가지 수준으로 그 범주를 구분한다. 개인과 가족의 기능을 방해하는 극단적 수준의 적응성에는 경직과 혼돈이 있다. 경직은 가족성원 중 한 사람이 매우 지배적인 리더십을 가지며 가족성원의 역할변화를 인정하지 않고 변화와 성장을 억제한다. 혼돈은 산만하거나 제한된 리더십을 가지며 의사결정을 충동적으로 하고 가족성원간의 역할이 명료하지 못하다. 그리하여 가족은 스트레스 때문에 공통의 의미를 형성하거나 관계를 발전시킬 기회를 가지지 못하게 된다. 개인과 가족의 기능에 도움이 되는 중간수준에는 구조적과 융통이 있다. 구조적인 상태는 덜 경직되고 덜 권위적이며, 부모공유적인 리더십 내에서 가족성원들의 역할변화가 가능하다. 융통은 가족성원 간의 역할이 공유되고 가족 내의 변화를 인정하며, 리더십을 가족성원이 나누어 가지고 있다. 다시 말해서 적응성이 너무 높은 경우 오히려 가족생활주기에 따라 개인 및 가족성원 간의 관계적 문제가 발생할 가능성이 많은 반면에, 적응성이 중간수준일 때 가족 기능성과 생산성이 높아지며, 균형적인 대처를 할 수 있게 된다는 것이다.

셋째, 가족 의사소통으로 순환모델의 세 번째 차원인 의사소통은 응집과 적응의 역기능적인 수준에서 기능적인 수준으로의 이동을 용이하게 해주는 역할을 한다(김수연, 1993). 그러나 의사소통은 모델 내에서 직접 도식화되지는 않으며 그 원활성(facilitating) 정도에 초점이 있다. 응집과 적응의 기능은 축 위에서의 각 가족의 위치에 따라 상호작용을 하여 가족의 의사소통 방식에 영향을 미치므로 의사소통은 응집성과 적응성을 더 악화시킬 수도, 혹은 향상시킬 수도 있는 역할을 담당한다. 의사소통이 악화될 경우 가족은 심각한 문제를 초래할 수 있으며, 반대로 의사소통 훈련을 통해 의사소통이 개선될 경우 기능적인 균형을 이룬 가족이 될 가능성도 있는데, 이상의 내용을 요약하면 다음과 같다(김수연, 1998).

〈표 4〉 가족 기능적 관점에서의 효과적인 의사소통 요인

가족 응집성	가족의 응집성은 고정된 것이 아니며 부부 및 가족성원들 간의 의사소통에 영향을 주고 또한 영향을 받는다. 따라서 응집의 패턴을 발전시키고 그것을 유지 혹은 변화시키는 데에 있어 중요한 매개체는 부부 및 가족성원간의 원활한 의사소통이다.
가족 적응성	적응은 부부 및 가족체계가 변화하려는 능력을 가지고 있는가 하는 것에 초점이 있으며, 효과적인 적응은 부부와 가족원들의 의사소통의 허용정도에 달려 있다. 이러한 측면에서 의사소통은 부부 적응 및 가족의 적응 기능에 핵심이 된다.
가족 의사소통	긍정적 의사소통 기술은 가족성원의 기호, 변화욕구 등을 서로 공유하고 역기능적 의사소통 기술은 의사소통의 원활성을 제한한다.

전체적으로 부부의 원활한 의사소통을 하기 위해 위의 효과적인 의사소통 기술을 교육시킨다면 응집성과 적응성도 더불어 향상되어 이를 기초로 하여 나아가 건강하고 기능적인 가족체계를 기대할 수 있을 것이다.

03 결혼생활 만족을 위한 부부의 성장요인

결혼생활 만족 증진을 위한 부부의 성장 요인을 살펴보기 위해 결혼 만족도, 부부 스트레스 대처기술, 자아 존중감, 부부 의사소통, 부부 성만족도, 부부 갈등대처 방식을 주 내용으로 이들 이론을 바탕으로 부부집단을 대상으로 만족한 결혼생활에 대한 성장요인을 살펴보면 다음과 같다.

1) 결혼 만족도

성인이 된 남녀는 결혼을 통해서 부부관계를 형성하게 되는데 결혼이란 정신적·육체적·사회적으로 인정받는 결합을 의미한다. 즉, 결혼이란 성숙된 두 남녀가 비교적 영속하는 성관계를 맺도록 인정하는 결속으로서 사회구성의 기초집단인 가족형성자로서의 사회적 의의를 갖는 결합을 의미한다.

일반적으로 만족이란 물질적이든 정신적이든 간에 인간이 심리적 또는 주관적으로 느끼는 느낌으로 충족되어진 욕구의 정도를 말한다. 그러나 이러한 욕구체제는 개인에 따라 다르며, 만족감도 매우 개인적인 경험이라 볼 수 있어서 일단 그 객관적인 기준이 성립되어도 여러 사람에게 똑같은 뜻을 나타내지는 않으며, 이러한 만족감은 개인의 과거와 현재의 경험, 그리고 개인의 기대에 의하여 강하게 영향을 받게 된다(Cambell & Rogers, 1976).

현대사회에서 개인의 행복과 삶의 질은 객관적 요소에 의해서 보다 주관적 요소에 더 크게 영향을 받는다. 오늘날 산업화, 기능화와 남녀 평등사상, 여성의 교육수준의 향상, 취업여성의 증가 등의 사회변화에 따라 부부의 역할 구조상의 변화가 나타나고 있다. 현대사회는 애정적이고 평등한 부부관계를 지향하고 부부간에 융통성 있는 역할 수행관계로 변화하고 있으며, 가족의 기능에 있어서 정서적 지지와 오락의 기능이 더 강화되고 있다. 이러한 변화 과정 속에서 가족이 구조와 기능 간, 기대와 행동 간, 집단 간, 남편과 부부간에 변화의 속도 내지 정도의 차이를 나타내고 있으며, 전통적인 것과 비전통적인 것이 혼합되어 존재하고 있다.

전통적인 결혼관계에서는 결혼이 개인의 가치나 욕구충족의 실현이 아니라 서로 이타적으로 희생하고 배려하는 관계이므로 만족의 개념을 상정하지 않았다. 그러나 개인의 가치가 중요시 되는 현대는 결혼 만족이란 결혼의 유지나 해체의 주요인으로 인식되어 가족 및 사회복지, 상담심리 분야에서 활발히 연구되고 있다(진명자, 2005). 결혼에 대한 만족은 한 가족 안에서 나타나는 아내와 남편의 주관적 행복감에 의존하며, 안녕을 결정하는 요인이다(Myers & Diener, 1995).

보편적으로 결혼이란 두 남녀의 친밀성에 대한 갈망으로 이루어지기 때문에 친밀성이 느껴지지 않으면 결혼 만족은 감소하게 된다. 결혼의 상태에서 발생하는 많은 복잡하고 예민한 갈등적 요소들도 친밀성을 통해서 해결되는 경우가 많은데, 친밀성을 유지하기 위해서는 서로의 특성을 이해하고 수용하고자 하는 지속적인 노력과 적극성이 요구된다.

결혼 만족에 관한 연구결과를 살펴보면, Feldman(1965)은 부부간에 상호 대화하는 시간을 많이 가지면 가질수록 결혼생활에 있어서 높은 만족감을 가질 수 있으며, 많은 시간을 같이 보낼수록 부부간의 상호작용에 긍정적인 영향을 미친다고 하였다. Navram(1976)은 만족스러운 결혼생활을 하는 부부는 서로 간에 대화를 많이 하며 서로 감정과 이해를 주고받는다며 결혼생활에서 의사소통의 중요성을 언급하고 있다.

부부의 결혼 만족정도가 의사소통 변인들에 기여하는 것을 파악하기 위해 관심표현능력, 대화내용, 대화방법, 대화 시간, 남편의 표현방법, 부부의견 조정방법 등 여섯 가지 변인들을 사용한 결과 부부관계에 만족하는 경우 감정표현이 활발해지며 수용적·순응적·적응적 태도를 취하며 의사소통에 적극적 영향을 준다고 하였다. 즉, 부부 사이에 자기표현이 많을수록, 효과적인 의사소통이 빈번할수록, 비언어적 의사소통이 정확할수록, 부부간의 이해가 깊을수록, 서로간의 감정이입이 많을수록, 결혼생활의 질은 높다고 하였다(송성자, 1990).

위의 내용을 바탕으로 만족스러운 결혼생활을 하는 부부는 서로 간에 대화를 많이 하며 서로 감정과 이해를 주고받는다며 결혼생활에서 의사소통의 중요성을 언급하고 있듯이(Navram, 1976), 부부간에 상호 대화하는 시간을 많이 가지면 가질수록 결혼생활에 있어서 높은 만족감을 가질 수 있으며, 많은 시간을 같이 보낼수록 부부간의 상호작용에 긍정적인 영향을 미침을 알 수 있다.

결혼이란 생리적으로 기본적인 욕구를 충족시키며, 심리적으로 남녀가 애정에 의해서 결합하여 서로의 인격을 존중하며, 인간적으로 관계를 맺어 협동생활을 함으로써 만족을 느끼고 동시에 사회적으로 남녀가 일체가 되어 사회의 한 단위를 이루며 책임을 수행하는 것이라 할 수 있다. 결혼생활의 성공, 실패의 여부는 개인의 성공과 직결되고, 인생을 갈음질 하는 중요한 척도가 될 수 있어 결혼생활을 성공적으로 하기 위한 연구나 노력을 많이 해 왔다. 현실요법에서는 부부간에 기본 욕구충족을 중요시한다. 부부는 서로 사랑을 주고받고, 배우자에게서 인정을 받을 때 욕구가 충족된다. 보통 이 정도로도 원만한 부부관계라 할 수 있지만, 서로 간섭하지 않고, 부부가 함께 취미생활이나 여가생활을 하고, 새롭게 배워 가며 부부간의 성적인 즐거움을 나눌 때 더 만족스럽고 행복한 부부관계를 유시할 수 있을 것이다.

2) 부부 스트레스 대처기술

스트레스는 관심영역이 다양한 만큼 개념정의에 대한 혼돈으로 사용하는 학자에 따라 외적인 자극제로 언급되기도 하며, 외적인 자극제에 대한 개인의 반응으로 언급되기도 한다.

Olsen(1993)은 적응을 필요로 하는 실제, 혹은 인지된 요구로부터 일어나는 긴장상태라고 하였으며, McCubbin & Patterson(1983)은 가족이 기능하는 데 있어 실제적인, 혹은 지각된 요구와 능력의 불균형에서 적응을 요하는 상태라고 하였다.

스트레스 개념에 대한 보편적인 접근방법으로는 먼저 자극으로서의 스트레스(Stimulus-Oriented Views)이다. 이것은 특정 유형의 자극을 경험하는 것이 스트레스가 된다는 것이다(이영자, 1995). 따라서 이러한 자극을 많이 경험할수록 스트레스의 수준이 높다고 보며, 주어진 기간 내에서 경험하는 객관적인 사건의 수가 스트레스의 지수가 된다. 그러나 이러한 접근방법은 개인에 따라서 동일한 사건도 다르게 지각할 수 있다는 점을 고려하지 않음으로 환경에 대한 개인의 반응은 개인차가 있다는 것을 간과하고 있다.

또한 반응으로서의 스트레스(Response-Oriented Views)에 있어 스트레스적인 상황에 대한 신체의 생리적 또는 심리적 반응에 초점을 두는 반응지향적인 접근방법으로 흥분과 같은 신체적 징후를 나타내거나, 긴장하고 불안해하면 스트레스를 경험하고 있다는 증거로 본다. 개인이 스트레스적인 사람에게 실제로 스트레스로 인식되어도 스트레스를 경험하지 않은 것으로 평가될 수 있다. 따라서 이렇게 평가된 반응은 스트레스의 일관된 지표가 될 수 없다.

그 밖에, 사람과 환경과의 상호작용으로서의 스트레스(Stress Transaction Between Person and Environment)이다. 이 접근방법은 스트레스의 지각정도가 사람에 따라 다르며, 스트레스에 의한 영향정도도 개인에 따라 다르다는 것이다.

따라서 이 같은 차이는 환경내의 자극 특성과 이에 대한 반응간의 매개체로써 개인의 특성을 강조하고 있다. 그리고 근래 스트레스에 관한 사회학적 연구에서는 특히 스트레스의 원인, 과정, 결과를 중요시하고 있다. 스트레스 원인으로서의 종합체계(계급, 성, 연령)와 제도, 그 속에서의 지위와 역할을 고려하는 사회구조적 맥락과 가치의 중요성을 제시하고 있다. 또한 스트레스의 개념에 유기체-환경 상호작용 모델이 도입되면서 사회학이나 가족학 분야에서 수행되고 있는 가족스트레스 연구는 가족을 하나의 단위로 보고 가족성원 중 어느 한 사람이 경험하는 스트레스일지라도 그것은 결국 다른 가족성원 에게 영향을 미치게 되어 가족 전체의 문제가 된다는 관점을 택하고 있다.

특히 부부간의 의사소통기술 부족으로 인해 심각한 스트레스에 직면하게 되었을 때 "문제를 누가 소유하고 있는가?"의 문제 소유 가리기가 매우 중요하다고 본다. 그리고 그 문제에 따라 상대방이 문제를 소유하고 있을 때에는 상대방의 감정을 읽어 줄 수 있는 반영적 경청을 해주고, 반면 나 자신이 문제를 소유했을 때에는 상대방의 행동을 서술하고 그 행동이 나에게 미치는 영향으로 인해 자신의 감정을 전달 할 수 있는 나-전달법 등의 기법을 스트레스 대처기술로 보는 것이다.

3) 자아 존중감

인간은 비교적 장기간에 걸친 과거의 경험, 사회적 환경, 성공과 실패 경험 등에 대해 자신에 대한 관심을 갖게 된다. 그리고 이것은 개인의 주관적 현실세계를 구성하게 되어 개인의 사고와 행동에 영향을 준다. Hemming(1974)은 자아인식은 외부세계와 함께 상호작용의 범위와 같은 것을 결정하며, 전체적으로 정서적이며 도덕적인 면을 포함하고 성격발달을 수정한다는 면에서 자아개념을 중요하게 보고 있다. 황정규(1984)는 자아개념은 자아인식과 자아존중감이라는 심리적 개념이 같은 비중으로 구성되어 있다고 하였다.

그는 자신감이란 어떤 과제를 할 수 있다는 자기능력에 대한 신념으로 Maslow(1970)의 자아이론이 그 기초를 제공하고 있고, 자아 존중감은 자기자신을 얼마나 좋아하느냐 하는 개념으로 Rogers(1951)의 자아이론이 그 기초를 제공하고 있음을 설명하였다.[2] Coopersmith(1967)는 자아 존중감은 자신

2) 자아 존중감은 자신에 대해 어떤 개념을 형성하는가에 따라 삶의 모습에 영향을 미치는 중요한 개념이다. 한 개인이 자기 자신에 대해 가지고 있는 자아개념은 그 개인의 일생과 사회의 여러 변인에

에 대해 형성하고 유지하는 평가로서 긍정적 또는 부정적인 태도로 표현되며 자신을 중요하고 유능하며 성공적이고 가치 있게 보는 정도로 자신에 대한 가치의 판단이라고 정의하였다.

Crouch & Straub(1983)은 자아 존중감의 개념을 기본적인 자기 존중감과 기능적인 자아 존중감의 두 범주로 나누었다. 기능적 자아 존중감의 중요한 특성은 자아 존중감의 변화 가능성이다. 당면한 기능적 자아 존중감을 향상시킴으로써 기본적 자기 존중감의 결합을 보완 할 수 있다고 하였다.

개인의 정체성이란 자신을 중심으로 형성된 사회적 관계와 이런 관계에 능동적으로 선택하고 대처하는 주관적 성향을 포함하는 자아개념이다. 사람은 자기정체성을 안정되게 유지하려는 성향과 함께 주변 환경에 적응하려는 성향을 가지고 있다. 안정성을 유지하면서 보다 원숙한 인격체로 성장하는 것이 바람직한 사회적응 과정이다.

Ellis(1973)의 REBT는 미국의 임상심리학자인 Albert Ellis가 합리-정서라는 용어를 통해 인간의 사고를 합리적으로 변화시킴으로써 인간의 정서를 변화시킨다는 이론이다. 이 이론에서는 개인이 가지는 신념체계가 정서와 행동의 직접적인 원인이 된다고 가정한다. 개인이 자신을 있는 그대로 수용하고 보다 탄력성 있고 과학적으로 사고할 수 있게 된다면 그는 더욱 행복하게 살 수 있다는 것이다. 자아 존중감 또는 자기 가치감의 변화를 위해 이 이론을

영향을 미치고 있으므로 적절한 교육적 사후치료로 긍정적이고 건전한 자아개념을 극대화시켜 잘 기능하는 인간으로서 살 수 있도록 도움을 줄 수 있을 것이다. 사람은 사회라는 관계 속에서 스스로의 위상을 조정하는 사회적 존재이며, 내면적으로는 자신의 존재가치를 끊임없이 성찰하는 정신적 주체이다. 그리고 사람의 모습은 그 자리에 머물러 있는 것이 아니라 스스로 선택해서 계속 형성되어 가는 가변적 존재이다.

적용할 수 있다. 부적절한 자기 가치감의 형성은 개인의 능력이나 특성 때문이 아니라 자기의 능력이나 특성에 대한 개인의 주관적인 지각과 신념이 비현실적이고 비합리적인 데에 기인될 가능성이 크다고 말할 수 있다.

낮은 자아 존중감을 가진 사람의 주요 특성은 자기 비난적, 자기 패배적 성향이 높고 자기 가치감이 낮고 자기 거부적인 태도를 가진다. 이런 특성은 개인이 오랜 관습으로 지닌 비합리적·비현실적·비실용적인 건강하지 못한 인생철학에 뿌리를 둔 것으로 볼 수 있다. 건강하지 못한 신념체계인 당위적 사고, 과장적 사고, 인간 비하적 사고, 그리고 낮은 인내성에 인용된 Ellis & Dryden(1987)이 자기 자신을 대상으로 적용되면 낮은 자기존중을 형성하지 않을 수 없을 것이라고 하였다. 즉, 자신에게 비현실성인 완벽성을 요구하고 자신을 비현실적으로 평가하여 자신의 가치를 비하하게 된다는 것이다. 비합리적인 신념을 가진 사람은 또한 자신의 일부 영역에서 경험한 실수나 실패를 자기 전체에 일반화하여 자신을 부정적으로 지각하고 자신의 가치를 비하할 가능성이 많다. 비합리적인 신념을 가진 사람은 모호한 상황에 대한 인내심이 부족하여 쉽게 포기하거나 단정적으로 판단하기 쉽고 끈기와 노력이 부족하여 상황을 성공적으로 이끌지 못할 수 있다.

합리적-정서적 요법에서는 인간은 합리적이고 정확한 사고를 할 가능성과 왜곡되고 비합리적인 사고를 할 가능성을 동시에 지닌 존재로 가정한다. 인간의 정서적 또는 심리적 혼란 상태는 사건에 대한 비합리적이고 비논리적인 사고의 결과라고 보는 것이다. 인간은 그를 비합리적으로 이끄는 강력한 생물학적·사회적인 힘이 있는 반면, 이성적일 수 있는 잠재력 또한 가지고 있다고 가정한다. 따라서 부정적이고 자기패배적인 사고와 감정은 지각과 사고를 재조직하도록 공격받음으로 논리적이고 합리적이 될 수 있는 것이다. Ellis에 따르면 관계(relationship)에서 비합리적 신념을 가짐으로써 대인관계 만족을 감소시키고 치료에 대한 긍정적인 기대감을 제한하며 상호변화를 위한 서로의 협력을 제한하기도 하는데, 결혼관계 안에서의 어려움은 자기 자신이나 자신의 배우자에 관한 비현실적인 기대를 갖는 경향 때문에 갈등을 겪게 된다고 하였다. Ellis는 이러한 결혼생활의 갈등이 부부로 하여금 그들의 비현실적이고 비합리적인 기대를 좀 더 현실적인 것으로 바꾸게 함으로써 감소시킬 수 있다고 하였다.

이와 같이 자신의 수행을 평가할 때 그 수행의 원인을 무엇으로 지각하는가의 귀인성향도 자아 존중감의 형성과 밀접히 관련된다고 볼 수 있다. 즉, 성공적인 수행의 원인을 자신의 능력이나 노력과 같은 내적 요인으로 지각할 때는 자부심을 가질 것이나 과제 난이도나 운 또는 타인의 도움과 같은 외적 요인으로 지각할 때는 수치심을 가질 것이다. 실패나 불충분한 수행에 대해 자신의 능력부족에 원인을 돌리게 되면 사실을 왜곡하거나 자기기만에 빠질 가능성이 있다. 이렇듯 개인의 내부에서 일어나는 성패의 원인 지각을 합리적이고 현실적이며 실용적인 측면으로 이끌어 줌으로써 자아 존중감의 향상을 도모할 수 있다.

4) 부부 의사소통

의사소통이란 둘 이상의 사람들 사이의 생각, 감정, 느낌을 나누고 그 과정에서 공통적 이해가 가능하고 의식이나 태도, 행동의 변화와 수용이 가능한 일련의 상호작용 과정이다(Edward, 1980). 또 의사소통은 두 사람간의 사고와 감정의 교류과정으로서, 의미를 창출해내고 공유하는 과정이다. 이런 면에서 의사소통은 자신의 진실한 감정에 두려움 없이 직면하고, 상대방의 이야기를 정성스럽게 듣는 과정에서 개성이 활짝 꽃피울 수 있어야 한다. 특히 부부 의사소통에 있어서는 서로가 자신의 요구를 자신 있게 말할 수 있어야 하며, 그 요구가 상대방에 의해 받아들여 질 수 있을 때 원만한 의사소통이 이루어질 수 있는 것이다.

많은 가족치료자들은 가족안의 증상과 갈등을 해결하기 위한 효과적인 방법을 찾고자 고심해 왔는데, ① 커뮤니케이션 개선, ② 자주성 및 개성의 증진, ③ 공감적 이해의 증진, ④ 유연한 지도력, ⑤ 역할 합의에 대한 증진, ⑥ 갈등의 감소, ⑦ 개인적 증상의 완화, ⑧ 개별적 과제 수행의 촉진 등의 여덟 가지를 중요한 목표로 인식했으며, 그중에서도 가족 내의 향상된 의사소통에 그 목표를 두었다(Goldenberg & Goldenberg, 2000). 개인은 근원가족으로부터 음식습관, 가족의 가치관, 생활 습관, 여러 가지 생활문화 등을 가져오지만 그중에서 의사소통방식은 대물림하는 것 중의 중요한 것이다. 의사소통방식은 성장기간 중 습관화되어 간단히 고쳐지지 않는다. 따라서 전문적이고 체계적인 접근과 반복적인 연습이 필요하다.

가족치료 연구가인 Satir(1972)는 사람들이 스트레스에 놓여 있을 때, 사용하는 대처방식에 관심을 갖고 이를 연구하였는데 이를 역기능적 의사소통으로 설명하고 있다. Satir는 인간의 성장을 가로막는 역기능적 의사소통을 네 가지 유형으로 설명하고 있다.[3)]

---

3) ① 회유형(Placating Stance) : 회유형의 사람들은 자아 존중감 수준이 낮고, 주로 다른 사람의 기분을

또한 그는 긴장이 있는 상황에서 사람들이 긴장을 처리하기 위해 자신을 방어하는 과정에 역기능적 의사소통을 사용한다고 본다. Satir는 성숙하고 통합적인 일치적 의사소통이 인간관계에서 기능적으로 작용하며, 책임감, 친근감, 창의성 등이 관계 안에서 실현될 수 있다고 설명한다. 가족 간의 의사소통은 아주 중요하다. 그럼에도 완전한 의사소통은 상당히 어려운 것이 사실이다. 아무리 친밀한 가족 간에도 20% 정도는 의사소통을 방해받는다고 한다(Goldenberg & Goldenberg, 2000).

심혜숙·이상순(1998)은 MBTI 성격과 의사소통유형과의 관계를 살펴 본 연구에서 MBTI 심리경향 중 외향과 내향, 사고와 감정, 인식과 판단의 경향에 따라 의사소통의 표현양상에 두드러진 차이를 나타난다는 것을 밝히고 있다. 각기 다른 문화, 성장경험의 차이, 인식의 차이 등으로 인해 의사소통이 제한

맞추려고 애쓰며, 반대하는 말을 하지 못하고, 타인이 요구하는 대부분의 것에 동의를 한다. 회유형의 사람들은 관계하는 사람에게 내쳐지는 것이 두려워 자신의 진정한 감정을 무시한다. 이들이 이러한 특성을 극복하려면 자기가치를 인식하고 자신의 감정을 존중할 수 있어야 한다.

② 비난형(Blaming Stance) : 비난형은 회유형과 정 반대의 유형으로서 자기주장이 강하고 독선적이며 명령적이고 지시적이다. 언제나 다른 사람의 잘못을 찾아내고자 하며 적대적이다. 이들은 외현적 행동과는 다르게 내면적으로는 외롭고 실패감을 느끼며, 그것에 대한 두려움으로 실제의 자신을 위장하는 것이다. 자기내면의 감정을 두려움 없이 직면하고 타인을 수용할 수 있어야 극복이 가능하다.

③ 초이성형(Super-reasonable Stance) : 초이성형은 의사소통에 있어 자신이나 타인의 감정이나 느낌은 외면한 채 지나치게 합리적이고 객관적인 상황만을 중요시한다. 얼음 같은 차가운 느낌을 주나 논리적이고 지적으로 무장되어 대화의 상대방을 주눅 들게 하거나, 동떨어진 느낌을 갖게 하거나, 때론 이상적으로 보여 지기도 한다. 자신과 타인에 대한 애정, 지성과 감성의 통합으로 이러한 특성을 극복할 수 있다.

④ 산만형(Irrelevant Stance) : 생각이 자주 바뀌고 동시에 혼란스러운 행동을 보이며 어떤 하나의 특별한 주제에 집중이 안 된다. 당면해야 하는 부담스러운 주제는 회피하고자 하며, 자신과 타인 그리고 상황 모두에 대해 마치 강 건너 불 보듯 한다. 어떤 상황에도 진지함이 결여되어 있다. 이 유형을 극복하려면 자신의 특성을 인식하고 상황에 적절하게 주목하고, 융통성 있게 반응할 수 있어야 한다.

적일 수밖에 없는 것이다.

우리나라의 전통적인 문화는 의사소통 기술을 박탈하는 문화였다. 희로애락을 드러내면 군자가 아니었으며, 자신의 감정을 솔직하게 표현 하는 것은 천박하고, 경솔하고, 경박하다는 메시지를 받고 살았다(김경일, 1999; 한방교·윤길근, 2004). 그런데 자신의 감정을 억제하는 것은 그 감정이 소멸되는 것이 아니며, 억압된 감정들은 융합되어 부적절한 상황에서 부적절한 형태로 돌출 되어 나오기가 쉽다. 또한 억압 된 감정은 부분적으로 무의식에 안착하게 되며, 무의식의 억압된 요소를 타인에게 투사하여, 타인을 비난하고 힐난하게 된다(심혜숙·이상순, 1998). 이것이 개선되면 관계는 호전되고 타인 및 자신과도 진정한 소통이 가능하게 된다.

역기능적 의사소통에서 나타나는 공통적인 특성은 서로 대화 대신에 주장을 하고, 상대방이 말을 할 때 눈을 맞추지 않거나, 말하는 사람의 감정을 외면해 버린다. 또한 표현하는 언어적 메시지와 비언어적 메시지의 의미가 불일치하는 경우가 많아서 의사소통 안에서도 오해와 갈등의 소지가 다분히 내포되어 있다. 거의 모든 형태의 인간 담소는 여러 단계의 의사소통을 포함하고 있기 때문에 명확한 메시지로 전달되는 것이 쉽지 않다는 것은 자주 체험된다(Robert, 2000).

일차적으로 의사소통 하는 사람은 자신에게 자유로우며 타인의 수용에도 자유롭고, 변화에 대한 융통성과 개방성을 지닌다. 일치적으로 의사소통하는 사람은 상대방의 이야기에 경청하고 애매한 정보는 명확히 확인하고, 자신의 의견을 분명히 전달할 수 있다.

한편 부부는 의사소통을 통하여 서로의 관계에서 일어나는 행동을 해석하며 평가하고 일련의 의미를 만들어 가는데, 대체로 건강한 부부는 자신만의 생각과 감정을 말할 수 있다. 의사소통과 부부성장은 밀접한 상관이 있다.

건강한 부부는 부정적인 감정보다 긍정적인 감정을 더 많이 나누긴 하지만 상처받은 느낌과 분노도 나눌 수 있으며, 개인적인 문제를 논의하는 데 많은 시간을 보내며, 갈등을 갖는 시간이 적다. 주로 유쾌한 기분(동의, 인정, 찬성, 유머, 웃음)을 나누고, 불쾌한 기분(비난, 불평, 혹독한 경고)은 보다 적제 주고받으며(Noller & Fitzatrick, 1990), 적절한 때 서로를 직면할 수 있다. 건강한 부부는 관계 안에서 에너지를 얻고, 에너지가 넘친다.

체계론적 가족치료에서는 가족 내에서 일어나는 모든 행동을 의사소통으로 설명하고 있으며, 실제로 상담을 요청하는 가정에서 역기능적 의사소통은 쉽게 발견된다(조선일보, 2002. 9. 17).

건강하지 않은 부부는 긍정적인 감정은 소홀히 하고 부정적인 감정은 부정적인 방식으로 전달한다. 인간관계의 갈등이 미숙한 의사소통으로 인해 파국으로 이끄는 경우가 많으며 이는 부부관계에서도 예외는 아니다. 부부간의 의사소통은 부부간에 맺고 있는 관계의 틀을 규정하게 되는데, 역기능적 의사소통은 반목과 갈등을 조장하고 규정하게 되는 것이다.

Boyd & Ruesh(1977)는 개방적인 의사소통은 결혼관계의 질을 향상시키는 것으로 보며 행복한 부부관계를 유지하는 데 있어 부부의 의사소통의 질이 애정 못지않게 중요하게 작용하는 것으로 나타난다(오윤자, 1994 재인용).

한국 사회 대부분의 남편들은 정서자체를 드러내지 않는 '차단형'인 반면 아내들은 정서표출은 잘하지만 언어로 표현하는 것이 수월하지 않는 '억제형'이며, 그렇다 보니 아내들이 자신의 감정을 표현하려 하다가도 남편들의 무덤덤한 태도에 마음이 상해 점차 대화를 단절하게 된다는 연구 결과는 우리의 의사소통문화를 잘 설명해 주고 있다(박남숙, 2000; 이현숙, 1999).

건강한 가정이 이루어지기 위해서는 남편과 아내가 동일하게 의미를 주고받음으로써 가능해진다. 부부갈등의 내용을 시대에 따라 분류해보면 50년대에서 80년대에는 경제적 요인과 배우자의 부정이 주요원인으로, 90년대 이후에는 개인의 인격적 측면이 강조되는 부부 개인의 내적 갈등요인, 즉 성생활 요인, 의사소통 요인을 주요 요인으로 본다(이현숙, 1999). 성격과 성별에 따라서도 의사소통 방식이 다른 것으로 나타난다.

부부간의 의사소통에서 정서적 표현양식에 따라 남편과 아내의 만족감에서 차이를 나타나는데, 남편은 아내가 말보다 행동적인 언어로 표현하는 데 더 만족감을 느끼며, 아내는 남편이 언어적인 표현을 하는 데서 더 높은 만족감을 느끼는 것으로 나타난다(박남숙, 2000 재인용). 정상적으로 기능하는 사람이라 해도 스트레스 상황 하에 있을 때는 역기능적 의사소통을 사용할 수 있기 때문에 부부간 갈등을 조화롭게 해결하면서 만족스러운 결혼생활을 하기 위해서는 부부가 함께 대화하면서 서로를 이해하고 문제를 해결할 수 있는 의사소통 기술을 습득하는 것이 무엇보다도 우선되어야 한다.

인간사이의 많은 갈등은 의사소통의 부재라기보다는 의사소통의 미숙에서 온다. 의사소통의 미숙은 의도하지 않은 많은 상처를 주고받게 되고 이러한 경험의 반복은 자연스럽게 의사소통을 회피하게 한다(조선일보, 2002. 9. 17). 결국 의사소통의 회피는 서로에게 전혀 도움이 되지 못한다는 것이다.

Beck & Jones(1974)의 조사에서도 가족상담을 요청한 부부 사이에 가장 큰 문제가 의사소통으로 나타났다(Goldenberg & Goldenberg, 1997).

Robbins(1974)는 인간사이의 갈등의 원인 중 커뮤니케이션으로 나타나는 현상을 어의의 난해성, 불충분한 정보의 교환, 의사소통 경로상의 소음 등이 의사소통 장애요인이라고 설명한다. 부부의 성적 만족을 향상시키는 데도 의사소통이 중요한 요인으로 작용하며, 특히나 한국의 중년층 이상의 부인들은 참을 수밖에 없는 합리화기제가 발달되어(이현숙, 1999) 의사소통을 회피하게 되고 이로 인한 의사소통의 단절이 부부갈등을 증폭시키고 부부성장을 방해한다.

김요한(2000)의 연구에서도 부부간의 성관계에서 자기개방을 많이 하고 감정표현이 풍부할수록 성 만족이 높아지는 것으로 나타났다. 기혼여성의 경우 의사소통이 잘될수록 성적 적응이 높은 것으로 나타나며(최성이, 2003), 의사소통이 잘될수록 전반적인 부부 적응이 수월해진다고 하였다(모의희, 2002). 이와 같이 부부는 오랜 결혼생활로 말하지 않아도 다 통할 것 같은 노부부에게서도 마찬가지 현상이 나타나는데, 부부 사이에서 발생하는 오해와 갈등의 많은 부분은 의사소통의 미숙이나 부족에서 발생되며 따라서 효과적인 의사소통으로 부부갈등의 많은 부분을 해결할 수 있는 것이다.

5) 부부의 성 만족도

성욕과 성행위는 인간의 가장 기본적인 욕구이며 생명의 동기가 충족되기도 한다(Kalvin, 1993). 성에 대한 태도는 성생활과 밀접한 관련이 있으며, 성욕구와도 깊은 상관을 나타낸다. 개인의 성에 대한 신념은 성적 대상, 성행위, 성관계의 의미, 성에 대한 감정 등에 영향을 준다(김요한, 2000). 인간의 성은 시대와 장소를 초월하여 인간존재의 중요한 단초가 되어 왔고, 예술과 문학의 단골메뉴로 등장한다(이상화, 1991).

성은 인간을 이해하는 핵심적인 요소로 작용하며(Weeks, Holland & Waites, 2003), 관계적 측면에도 중요한 영향력을 행사한다. 성에 대한 신념은 결혼과 성관계에서의 친밀감에 필수적인 것이며, 건전하고 만족스러운 성적 상호작용의 경험을 통해 성에 대한 신념은 확고히 되고 강화된다.

인간의 성 심리는 유사점도 있지만 다른 부분도 있다. 남녀에 있어서는 더욱 그러하다. Mosher(1980)는 성행동 개입에는 흥분과 즐거움의 두 가지 정서가 개입되어 에로틱한 상황에 반응하는 것이며, 흥분과 즐거움의 정서가 성행동의 동기로 작용하는 것이라고 설명한다. 흥분과 즐거움이 사랑하는 사람과 결합되면 성욕은 증가하게 되고, 성 만족감도 커진다(김시업, 1999).

Maslow는 성의 욕구는 식욕이나 휴식의 욕구와 같이 인간의 욕구 중 가장 기본적인 욕구로 표현하고 있는데(최순남, 1995), 성기능 장애를 가진 사람들은 무의식적으로 섹스에 대한 부정적인 감정을 가지고 있는 경우가 많다. 인간의 성은 단지 생물학적인 충동에 그치지 않고 사랑하는 사람과 하나가 되고자 하는 모든 갈망과 시도이며, 모든 남녀의 가장 친밀한 접촉이다(홍성묵, 2000).

정신분석학의 토대를 구축한 프로이트는 인간의 가장 원초적 욕망을 성과 공격으로 보며, 정서적 만족과 함께 이루어지는 성욕의 충족을 무엇보다 중요한 것으로 보고 이러한 성욕의 충족과 억제와의 과정에서 성격특성이 발달된다고 본다(Freud, 2005). 통제이론 창시자인 글레이저 또한 인간의 욕구를 생존, 혹은 자기보존의 욕구, 소속감의 욕구, 힘의 욕구, 자유의 욕구, 즐거움의 욕구 등 다섯 가지로 설명하는데, 생존, 혹은 자기보존의 욕구를 무의식적이며 기본적인 욕구로 보고 있으며, 성 욕구는 생존의 욕구에 포함된다(Glasser, 1997).

사랑과 성이 요구하는 지속적이고 책임 있는 관계는 성욕과 애정의 결합에 근거하며, 성욕은 만족과 행복의 가장 기본적이고 가장 강렬한 가능성들의 하나를 제공한다(Marcuse, 1992).

전통사회에서는 종족번식을 위해 성생활을 했다면 현대사회의 성은 더 이상 종족번식이 주된 목적이 아니다. 재생산이 자연의 섭리이자 거부할 수 없는 숙명이었던 이전 사회에서는 성관계 역시 자연으로부터 이미 결정되어 주어지는 것이었으나, 재생산 없는 성관계(피임)와 성관계 없는 재생산(시험관 아기) 모두가 가능해진 현대사회에서 성은 선택과 결정의 문제가 되었으며(Giddens, 2003), 에로티시즘이 예찬되며, 결혼의 주된 목적 중 하나는 성욕의 충족이라고 할 수 있다(Benson, 1979).

성은 인간이 성장해 가는 데 불가결한 힘인 것이다. 인간의 성적 욕구는 본능충동에 의해서만이 아니라 다른 인간과의 인격적 관계 속에서 일어나며 충족될 수 있고, 이때 얻어지는 쾌락은 육체적이며 동시에 심리적, 정신적인 것이 될 수 있다. 인간의 성은 자연적 욕구이면서 동시에 다른 인간과의 유대관계를 형성하고자 하는 사회적 욕구이기도 하다(이상화, 1991).

성에 대한 생각들은 서로 모순된 사상을 함의하고 있는데, 성을 신이 인간에게 부여한 가장 신비롭고 성스러운 것이라는 견해나, 추하고 더러운 것 아니면 불쾌한 것으로 치부하기도 한다(이명선, 1991). 성행위는 성기의 결합만을 의미하는 것이 아니라 피부와 피부의 접촉, 뇌와 뇌의 접촉이다(김종흡,

2002).[4]

이상적인 결혼 생활에서 성적 관계는 매우 중요하기 때문에 어떻게 하는 것이 더 흥분되고 더 즐거운지를 개방적으로 나누지 않으면 안 된다(Benson, 1979). 성은 결혼생활 동안에 계속해서 배워 가며, 함께하는 과정이며, 젊은 부부뿐만 아니라 노인부부에게도 성교육의 필요성이 제기되고 있다(유시순, 2000).

남녀 모두 성기능장애를 가진 경우를 보면 생리적인 경우보다는 많은 경우 심리적 요인에 있다. 많은 영구적인 발기 불능은 일시적인 실망이 한두 번 경험되고 그것에 대한 의사소통이 단절되기 때문이며(Benson, 1979), 전통적으로 여성은 성적존재라는 것이 분명하게 인식되어 있지 않고, 성생활에 능동적이라기보다는 수동적인 역할을 해 왔기 때문에 불감증 또는 질구 폐쇄증 같은 심각한 성기능 장애를 대수롭지 않게 생각하거나 저절로 치유될 거라는 막연한 기대 속에 방치하게 된다. 이는 결혼 생활에의 행복을 상당부분 포기하는 것이고 극단의 경우에는 결혼의 파괴까지 이를 수 있다는 것을 깨닫지 못하는 경우가 많다.

만족스러운 성관계는 결혼 역동성에 있어 가장 중요한 축이며(Gondenbeft & Gondenberg, 1997), 행복한 결혼생활은 서로 친밀한 관계를 유지하려는 의식적 결정에 따라 정해진다. 성적퇴폐가 오늘날과 같은 가속도로 진행되면 머지않아 가족이 붕괴될 것을 경고하기도 하는데, 건전하고 만족스런 부부의

4) 현대사회에서의 성은 사회 문화의 핵심 코드로 작용하며, 인간의 원초적 욕구를 승화된 방식으로 충족하게 하며, 타락의 온상이 되게도 한다. 사회의 많은 병리적 문제들은 성매매, 원조교제, 외도, 부부스와핑 등의 금단의 성적 일탈에 의해서 비롯되는 것이 상당 부분 차지하며, 이는 부부 성생활의 만족의 정도를 나타내는 증후로도 볼 수 있다.

성관계는 가족 결속의 중요한 요인이 될 것임을 예측할 수 있다.

사람의 성 반응에 대한 연구는 Masters & Johnson(1960)이 인간의 성행위와 자위행위에 있어서의 신체적 변화를 연구하여 발표하였고(김종흡, 2002), 성관계 시 남녀가 체험하게 되는 신체적 반응과 변화에 대해서 과학적으로 연구하기 시작한 것은 1970년대이다. 이러한 연구결과들로 인해 성에 대한 관심을 담론화 시킬 수 있게 되었고, 성을 더 적극적으로 즐길 수 있게 되었다.

킨제이 보고 이후 헌트, 하이트의 연속된 발표로 인간의 보편적인 성 의식과 성행동에 대해 많은 부분을 이해할 수 있었으나, 우리나라 사람들의 성의식과 성행동에 대한 연구는 상당히 미흡한 실정이고, 부부의 성에 대한 연구 또한 미흡한 실정이다(남영주, 2003; 홍성묵, 2000).

또한 부부의 결합이 애정과 친밀성(문혜숙, 1994)으로 이루어지기 때문에 성적 즐거움이 결혼의 중요한 요소가 된다(김요한, 2000; 김시업, 1999). 개인이 나타내는 우울증, 불안, 불면증, 자살, 욕구불만 등의 여러 가지 신경증의 상당부분은 성생활의 결핍이나 불만족에 의해 발생한다고 볼 수 있으며, 기혼자들의 결혼 만족은 성 만족과 직결되기도 한다(Morokoff & Gilliland, 1997).

오늘날 이혼 원인 중에 배우자의 부정이나 외도가 상당부분을 차지하고 있는데, 이는 부부간의 성생활의 중요성을 설명하고 있는 것이다.

연구에 의하면 부부 적응에 성 만족의 상관이 높지 않은 경우도 있지만(Kamarovsky, 1987), 더 많은 연구에서 부부만족과 성적 만족의 밀접한 관련성을 밝히기도 하며(남영주, 2003), 성생활의 부재를 별거나 이혼의 요인으로 보기도 한다(Donnelly, 1993). 또한 최근 국내 연구에서는 성지식과 성 만족이 관련이 있음을 나타내고 있다(권정혜·채규만, 2000). 따라서 성에 대한 태도나 성지식에 대한 적극적 개입이 필요하다고 할 수 있다. 성생활과 친밀감은 밀접한 관련(Hunt, 1974)을 지니며, 성생활은 중요한 의사소통의 하나로 작용하기도 한다(마광수, 1997).

전체적으로 건강한 가정을 위한 부부성장에 성생활이 중요하게 작용함에도 우리나라의 경우 부부 성생활에 관한 연구는 폭넓게 다루어지지 않았으며(남영주, 2003; 문혜숙, 1994), 결혼 만족을 향상시키기 위한 많은 프로그램들 또한 부부의 성을 중요하게 다루지 않았던 것이 사실이다(오윤자, 1994; 이현숙, 1999). 행동주의 가족치료자들은 결혼의 부조화적 측면을 수정하여 가족 생활전반에 중요한 역할을 하는 것을 성으로 보고 가족 성치료를 적극적으로 도입할 것을 주장하는데(Goldenberg & Goldenberg, 2000), 부부간 성생활의 즐거움이 결혼생활 만족에 중요한 요인으로 작용함을 알 수 있다.

6) 부부 갈등 대처방식

갈등이란 서로 다른 충동이나 욕구의 대립 시 발생하며 해결에 곤란을 느끼는 상태(유영주, 1992)로서 인간이 삶을 살아가는 중에 지속적으로 나타난다. 한 개인 안에서도 갈등은 나타나게 마련이므로 둘 이상의 관계에서는 필연적인 현상이다.

Freund(1983)는 "갈등은 두 개인 및 집단 사이에서 일반적으로 권리를 차지하기 위해 서로에게 적대적 감정을 표현함으로서 의도적인 대립 및 충돌을 통해 이루어진다. 기득권을 유지하고 확인하고, 또는 확고하게 하기 위해 이

권리를 획득한 당사자는 폭력까지 사용함으로써 상대방의 저항을 소멸시키려 하는데, 심지어는 타인을 신체적으로 무기력하게 만들려고도 한다."라고 갈등의 의미를 정의한다(김시업, 1999 재인용).

그러므로 나타난 갈등을 해결하는 데는 갈등에 대한 대처방식이 중요하게 작용한다. 갈등대처방식이란 문제나 갈등에 직면해서 그것을 극복하는 효과적인 수단을 찾는 것으로, 문제를 해결하고 현실에 대한 객관적이고 합리적인 검증이 가능해지고 갈등으로 인한 고통이 감소되는 것으로 설명할 수 있다.

Chodoff(1964)는 갈등대처행동을 심리적 안정성에 대한 중요한 위협을 처리하기 위해 사용되는 모든 방법의 총체라고 정의하기도 한다(송말희, 1990 재인용). 갈등상황을 효과적으로 처리하는 대처방식은 갈등에 직면하는 것, 판단하지 않는 경청, 공감적 표현훈련, 타협의 기술을 익히는 것이다(김영애, 2004).[5)]

특히 부부는 보다 합리적으로 각각의 욕구를 충족시키면서 관계를 성장시킬 수 있으며, 개인의 욕구에 대한 저항이나 무시 등으로 관계를 손상시키기도 한다. 부부관계란 행복한 결혼생활이라는 합의된 목표를 가지고 시작되지만, 성격, 취향, 성장배경, 생활습관, 특정 문제에 대한 상황인식과 해결방법 등에서 상당히 이질적일 수 있으며, 이러한 이질적 특성으로 인해 개인의 욕

---

5) 김영애(2004)는 그의 저서에서 갈등해결을 위한 여덟 가지 지침을 제시하고 있는데 다음과 같다. 첫째, 갈등은 불가피하다는 것을 인정하라. 둘째, 서로를 존중하는 태도를 가져라. 셋째, 타협을 시도할 문제인지 아닌지 분별하라. 넷째, 문제로부터 감정을 분리하라. 다섯째, 상대의 입장을 긍정적으로 바라보라. 여섯째, 서로 동의할 만한 대안을 선택하라. 일곱째, 융통성을 발휘하라. 여덟째, 소신을 가져라 등으로 압축하고 있다. 이러한 명확한 지침이 있다 해도 그러한 지침을 따르는 것이 쉽지 않음을 알 수 있는데 따라서 갈등을 해결하는 데는 상당한 정도의 체계적이고 심층적인 학습이 필요하다고 볼 수 있다.

구좌절을 경험할 수밖에 없다(Keirsey & Bates, 1995). 따라서 가족집단 특히 부부간에는 많은 갈등이 필연적으로 발생한다(김시업, 1999).

부부관계는 다른 어느 집단보다도 구성원간의 친밀도가 강한 인간관계를 유지하는 집단이다. 따라서 부부간에는 서로의 배우자에게 기대하는 정도가 타인보다 훨씬 높고, 또한 그 기대에 대한 좌절감도 훨씬 높기 때문에(박옥임, 1993), 갈등은 더 빈번하게 발생하며 갈등을 해결하려는 노력이 부족하거나 갈등을 해결하는 기술이 부족하면 부부관계는 악화일로에 치닫게 된다. Eldridge(2000)의 연구에서 보면 부부 사이의 역할갈등에서 해결방안을 찾는 부부는 갈등상황에서 스트레스를 그다지 지각하지 않았으며, 그렇지 않은 부부는 스트레스를 높게 지각하고 있었다.

Rice(1979)는 부부갈등의 원천을 정신내적, 신체내적, 상호 정신적, 상황-환경적으로 분류하며, Braiker & Kelley는 특정행동, 특정관계에 해당되는 규범과 역할, 개인적인 일반적 성향으로 분류하는데(김시업, 1999 재인용), 가족구성원 가운데에 특히 부부는 성이 다를 뿐 아니라 성장배경과 경험의 세계가 다르기 때문에 이해의 폭이 좁아 더욱 갈등이 상존하게 된다(김옥임, 1996).

김은신(1992)의 연구에서도 갈등을 해결하는 방법이 부부성장에 중요하게 작용되는 것으로 나타난다. 최근에는 갈등의 기능에 대한 긍정적인 부분을 조명하고 갈등을 생산적으로 전환시키는 데 관심을 두는 이론이 제시되고 있다.

우리나라 도시가족 주부들을 대상으로 한 연구에 의하면 날이 갈수록 경제적 문제보다는 심리적 문제가 결혼생활에서 부부갈등의 주요인으로 나타나고 있다. 김애순·윤진(2002)은 우리나라의 부부갈등을 일상생활의 습관, 소유욕과 질투, 사랑의 표현 방식, 힘과 통제의 분배, 성생활 불만족, 성역할 기대의 차이, 가족관계에서의 갈등, 인생관이나 가치관에서의 차이 등으로 설명한다.

박옥임(1993)은 부부갈등의 요인을 애정관계요인, 성문제 요인, 경제적 요인, 성격문제, 사회문화적 배경문제, 자녀문제, 건강문제, 친족관계, 부부의 대인관계문제 등으로 설명하는데, 이는 어느 부부에게도 갈등은 피할 수 없다는 것을 말해 준다.

부부처럼 친밀한 관계에서는 갈등을 두려워하여 이를 회피하고자 하지만 갈등의 회피는 변화하는 상황에 적응이 어렵고 적대감이 쌓이고 부부관계를 치명적으로 훼손시키게 된다. 많은 연구들에서 보면 남편보다 아내에게서 부부갈등을 더 높게 지각한다고 나타나는데, 높은 갈등은 결혼 불만족으로 나타날 것이며, 자녀 양육의 일차적 역할을 담당하고 있는 아내들의 불만은 자녀 양육의 역기능성으로 나타날 것이다(Goldenberg & Goldenberg, 2000).

갈등이 많은가 적은가보다는 갈등을 합리적으로 해결할 수 있는 대처능력이 중요하며(Eldridge, 2000), 그러기 위해 어떠한 노력을 기울이는 가 일 것이다. 그럼에도 한국의 가정에서는 부부갈등이 발생하여도 이를 바람직하게 해결하기 위한 적극적인 노력이 부족하기도 하거니와 부부갈등의 해결에 도움을 받는 다는 것에 수치심을 느끼며, 또는 부부 갈등이 심각한 수준에서 가정폭력으로 나타나도 가정사로 치부하는 풍토이기도 하다.

1,000쌍이상의 부부를 대상으로 부부 세미나를 진행해온 Glasser(2000)는 서로의 욕구가 상충되는 데서 발생했던 갈등이나 원망을 조정하고 타협할 수 있다고 안내하고, 부부 사이에서 발생하는 갈등을 해결하는 방법으로 선택이론을 함께 제시한다. 선택이론에서는 ① 경청하기, ② 지지하기, ③ 격려하기, ④ 존중하기, ⑤ 신뢰하기, ⑥ 수용하기, ⑦ 타협하기의 일곱 가지 배려

하는 습관을 사용할 것을 제안한다(Glasser & Glasser, 2000).

이러한 방법은 원활한 부부 의사소통을 가능하게 할 것이며, 서로의 성격 차이로 발생할 수 있는 갈등을 해결할 수 있는 효과적인 방법이기도 하다.

Burleson & Denton(1997)은 자신들의 갈등을 효과적으로 관리할 기술이 없는 부부들은 자신들의 상호작용에 대해서 덜 만족할 것으로 여겨지며, 자신들의 관계에 대해서도 덜 만족할 것으로 예상된다고 주장한다(Bahr, 1989). 전체적으로 볼 때, 갈등 그 자체가 부정적이거나 파괴적인 것만은 아니고 가족 갈등에 관한 긍정적 기능이 더 많음을 직시할 필요가 있다. 즉, 갈등의 기능을 다음과 같이 설명하기도 한다. 갈등이 가족성원 간에 상호작용을 촉진시킴과 동시, 갈등의 발생은 가족성원 간의 의견교환을 활발하게 하여 효과적으로 문제를 해결하도록 도와주며, 가족 간에 발생하는 갈등을 처리하는 과정에서 가족의 규칙과 가족원의 역할이 분명하게 된다. 그리고 갈등해결과정에 나타나는 감정과 욕구의 표출을 통해서 가족성원의 감정을 정화시키는 작업이 이루어질 수 있다는 점에서 긍정적 갈등 극복을 위한 노력과 대처방안의 적용이 중시되는데, 이 같은 요인의 적용은 아래 관련 성장요인이 함께 촉진될 때 비로소 가능할 것이다.

〈표 5〉 결혼생활 만족 증진을 위한 요인

결혼 만족도	결혼에 대해 개인의 만족은 결혼을 통해 이루어진 부부관계에서 비롯되며, 만족한 결혼, 성공적인 결혼이 어떤 것인가를 규정짓는다는 것은 쉬운 일이 아니다. 결혼 만족도를 어떻게 개념화하는가는 학자에 따라 다소 차이를 보이고 있다. 결혼 만족은 개인의 주관적인 기대의 충족과 객관적인 기준에 따라 그 정도가 좌우되는 것으로 볼 수 있다.결국 결혼생활 전반에 대한 주관적인 감정과 태도를 결혼 만족이라 할 때 그 만족의 정도를 측정하는 것을 결혼 만족도라 할 수 있다.
부부 스트레스 대처기법	급속한 사회변화로 인해 가족들은 심한 스트레스의 원인을 다양한 요인들로 인해 나타난다. 사람마다 경험하는 스트레스의 정도는 부분적으로 상황을 해석하는 방식에 달려 있다. 특정 상황을 스트레스로 생각하든 하지 않던 간에 몇 가지 요인이 결정된다. 자신이 있는 사람은, 즉 생활 사건들에 적절하게 대처할 수 있다고 느끼는 사람은 자신이 부족한 사람보다 특정상황을 스트레스로 덜 생각하는 경향이 있다.
자아 존중감	많은 자기이론가들은 중요한 타인과의 심리적 과정을 중요시하고 있다. 즉, 타인에 대한 수용, 존중, 공감, 자율 허용, 가능성에 대한 긍정적 기대, 진실한 관계, 행동한계의 설정, 비위협적인 태도는 자아 존중감을 촉진하게 되고, 중요한 타인과의 비일관성, 비판, 거부, 방임, 기대의 강요, 통제, 무관심, 행동한계의 불명료 등의 태도는 자아 존중감을 상실하게 됨을 알 수 있다.
부부 의사소통	많은 부부들은 어떻게 대화하는 것이 결혼생활에 도움이 되고 유익한 것인지를 인식하지 못하고 부부간에 대화는 외면한 채 배우자와 결혼에 대한 불만만을 호소하는 경우가 많다(김현수, 2000). 부부간의 의사소통 양식의 차이에서 오는 불만족은 극명하게 나타나는데, 정서적 표현 양식의 차이는 부부간의 친밀도와 결혼 만족도에 부정적인 영향을 미치고 있다(박남숙, 2000). 결혼 만족이나 부부성장을 위해서는 의사소통에서 서로 상대방에게 효과적인 방법이나 전략을 사용해야 할 필요성이 입증되고 있는 것이다.
부부 성 만족도	성행위는 부부간의 애정표현 수단이며 애정 확인 행위이다. 실제로 성행위를 통해서 얻어지는 신체적 쾌락은 친밀, 애정, 부드러움, 친교 등의 느낌으로 두 몸이 한 몸이 되는 것 같은 안정감과 만족감을 마음에 심어주어(김종흡, 2002) 부부성장을 가능하게 한다. 부부 사이에서 성욕구가 충족되면 부부가 훨씬 친밀감을 느낄 뿐 아니라 생활에 활력소가 되며, 관계도 부드러워지지만, 성생활이 잘 안되면 멀어지는 느낌을 갖게 되기도 한다(문혜숙, 1993). 이러한 현상은 노인부부에게도 나타나는 현상으로, 대체로 성적 불만족은 다른 식으로 표출된다는 것이 문제이며, 다른 이유를 들어 짜증을 내거나, 과거에 다른 이성을 생각하거나 아니면 감정표출을 억압하기도 한다(문혜숙, 1994).

부부갈등 대처 방식	인간 사이에서 발생하는 문제들은 때로는 갈등을 통해서 성장할 수 있는데, 부부간의 갈등도 발전적인 방향으로 재조정하거나 상대방의 불만이나 기대를 적절히 인지하여 부부관계를 재조직한다면 부부관계는 이전보다도 훨씬 원만하고 긍정적으로 개선될 수 있으며(박옥임, 1993), 그러한 갈등해결과정에 대한 경험이 부부성장을 가능하게 한다. 부부간에는 서로의 부족함을 보완하는 이질성과 친밀성을 높여 주는 유사성을 지속적으로 견지하는 가운데 갈등은 발생할 수밖에 없으며, 다만 그 갈등을 보다 긍정적이고 창조적인 방향으로 이끌어 가는 상호간의 끊임없는 노력 속에 부부성장적 관계로 나아갈 수 있다.

§자료 : 앞의 내용을 바탕으로 재구성.

04 의사소통과 부부의 관계향상

부부의 관계향상 활동은 다양한 이론들, 즉 의사소통, 체계, 행동주의, 갈등해결 및 문제해결, 인본주의 심리학, 소집단 역동, 내담자중심, 심리치료, 사회학습, 가족사회학 등에 그 기반을 두고 있으며, 또 이것의 중심철학은 긍정적·성장 지향적·잠재력 지향적으로 본다.[6)]

Mace(1976)는 부부관계에 대한 정의를 남녀 두 사람간의 역동적 상호작용을 의미하는 것으로 변화하고 성장하는 관계라고 하였다(고희숙, 2002 재인용). 송성자(1990)는 부부관계가 인간이 가져야 하는 많은 인간관계 가운데 가장 가까운 관계이며 지속적인 상호작용이 이루어져야 하는 관계라고 했고,

6) 부부관계향상은 부부 및 가족치료가 치료적 접근방법으로는 내담자를 돕는데 한계가 있다는 Mace & Mace(1976)의 지적이 있고 나서 이러한 한계를 극복하는 노력의 하나로 부부관계향상 활동이 1960년대 초부터 시작되었다.

신수련(1993)은 남자와 여자라는 서로 다른 성이 결합되어 있고 상호작용이 있는 역동적인 관계라고 했다. 이렇게 볼 때, 신혼기 부부관계란 서로 다른 성장배경을 가진 남녀가 결혼함으로서 한 가족이 되어 지속적인 상호작용을 통해 계속적인 변화와 성장을 거듭하는 역동적인 관계라고 할 수 있다. Eastman(1958)은 의사소통 기술을 통해 자기수용 및 타인 수용의 폭을 넓힘으로써 행복한 결혼생활을 영위할 수 있게 해 줄 수 있다고 보았다.

Miller(1971)의 연구에서는 자기이해 촉진으로 부부관계를 만족시키는 것이 부부관계향상이라고 정의한 바 있으며, Clinebell(1975)은 부부관계향상이란 부부간의 자아 존중감을 갖도록 함으로써 부부간의 친밀감 수준을 높이고 서로 신뢰하는 것이라 하였다. Mattson(1988)은 부부관계향상이란 부부들로 하여금 서로를 보다 더 잘 이해하고, 보다 더 개방적으로 의사소통하며, 자신과 배우자에게 더욱 더 진실하게 하는, 특히 결혼에 대해 긍정적인 생각을 가지도록 조력하는 기법이라고 했다.

이상의 논의를 종합해 보면 신혼기 부부의 관계향상이란 자신과 부부상호간의 이해를 바탕으로 서로 수용하며, 부부 개인이 가진 잠재력을 개발하여 더욱 행복한 결혼생활을 하도록 조력하기 위한 교육적 성장 및 발달 지향적, 상호지향적인 활동이라고 볼 수 있다.

1) Gottman 의 의사소통 교육 이론

(1) Gottman의 부부상담이론

Gottman은 균형(balance)과 개선(repair)을 강조한다(반신환, 2007). 그가 말하는 균형은 가족체계이론에서의 항상성과 같은 의미로서, 한 구성원의 변화는 다른 구성원의 변화를 가져오지만 전체의 체계는 평행을 유지하고 조절한다. 특히 파격적 상호작용이 나타나면 평행을 유지하기 위해 부부가 스스로 관계를 수정하는 과정과 개선이 나타난다. 스스로 수정하는 과정은 가족체계이론에서의 환류(feedback)와 동일한 개념이고 개선은 부부가 의도성을 갖고 스스로의 관계를 수정하는 과정이다.

Gottman(1999)은 항상성을 긍정적 균형과 부정적 균형으로 분리한다. 그는 부부관계에 수학적 관심을 두고 접근한다. Gottman의 수학적 모형이 낳은 중요한 결과는 부부관계를 높은 정확성을 갖고 예측할 수 있게 하였다. 결국 '사랑에 대한 수학(mathematics of love)'을 발견하였다. Gottman은 90%이상의 정확성을 갖고 안정적 부부관계에서 긍정성과 부정성은 5:1의 비율이지만 이혼하는 부부관계에서는 1.25:1이라고 말하고 이 수학적 모형을 근거로 '행복한 결혼의 집'이론을 형성하고 주장한다. 반신환(2007)은 Gottman의 이론을 통해 세 가지 상호적 행동과 지각 및 생리기능에 대한 부부관계의 영역을 다음과 같이 이론화 하였다.

(2) 인간관계의 영역

첫째, 상호적 행동으로 Gottman은 인간관계에서 서로간의 정서에 관심을 두고 있다. 이것은 Ekman 및 Friesin(1971)의 연구방법을 수용한 것으로, 이들은 얼굴 표정은 문화와 상관없이 보편성을 갖는다고 주장하고 있다. Gottman에게 서로간의 상호작용의 긍정성은 긍정적 정서를 의미하고 부정성은 부정적 정서를 의미한다. 부정적 정서는 분노, 공격성, 슬픔, 두려움, 혐오, 경멸 등을 포함한다. 서로간의 부정적 정서는 전염성을 갖고 그로 인해 상대방에게 부정적 정서를 제공한다는 것이다. 이와 마찬가지로 긍정적 정서도 서로간의 전염성이 있어 상대방에게 영향력을 줄 수 있는 것이다.

행복한 사람이라고 해서 부정적 정서를 갖고 있지 않는 것은 아니다. 문제가 있는 사람들을 살펴볼 때 그들은 상대방의 행동을 억압하는 경향이 있다. 그들은 다음 네 가지의 부정적 감정을 표출하는데, Gottman(1999)은 이를 '파멸의 4기수(The Four Horseman of the Apocalypse)'라고 명명했다.

① 비난(Criticism) : 비난은 '전혀', '항상', '한 번도' 등의 말을 사용하여 상대방의 기분과 감정을 상하게 한다. 부부가 서로 비난을 하면 이혼으로 끝날 확률이 높다. '왜?'라는 질문은 질문이 아니다. 이것은 비난이고 비평이다. 이런 식의 비난은 상대방에게는 공격으로 들릴 뿐이다. 비난을 이해하기 위해서는 '내용'도 중요하지만 '형식'도 중요한 것이다. 대화가 거칠게 시작된다는 것은 저장해 놓은 부정적인 감정이 많다는 것을 의미하기도 한다.

② 멸시(Contempt) : 멸시란 배우자보다 자신을 위에 놓고 말이나 행동으로 비난하거나 무시하는 것이다. 이혼 직전에 있는 부부가 상담하러 오는 경우 상대방을 서로 상처 주는 말로 무시한다. 이러한 서로에 대한 상처는 부부간의 신뢰가 이미 깨어지고 있음을 나타내 준다.

③ 방어(Defensiveness) : 방어는 상대방의 공격으로부터 보호하려는 태도이다. 흔한 방법으로 책임회피와 책임전가이다. 나 자신은 결혼에서 한 번도 잘못한 적이 없다는 생각, 또는 상대방을 비난하는 태도로서 예를 들어 만약 내가 비행기 표를 시간 내에 사야 하는데 사지 못했다면 아내가 나에게 상기시켜 주지 않아서 이러한 일이 일어났다고 믿는 것이다. 또한 자기 자신의 책임을 회피하고 불평하는 상대에게 "당신 잘났어."라고 하는 것이 그 예이다.

④ 담쌓기(Stonewalling) : 담쌓기는 상대방이 문제를 해결하려고 시도하거나 상호작용을 할 때, 뒤로 물러나는 것을 말한다. 시선피하기, 침묵하기 등이 대표적인 것이다. 보통 이것은 여자들보다 남자들이 더 많이 범하는 문제로 대화중 말을 듣던 사람이 회피하고 철수하는 것을 말한다. 남자들의 경우 자아진정을 위해 담쌓기를 하는 경우가 있는데, 이런 경우 여자들은 남자를 이해할 수 없기에 갈등을 불러일으키는 원인이 된다는 것이다.[7)]

7) 이러한 점에서 Gray(2004)가 주장하는 '남자들은 자신만의 동굴로 들어간다'고 말하고 있는 부분이 왜 잘못되었는지를 보여주고 있다. 부부관계의 상호성을 느낄 수 없는 무감각이 지속되면, '가정이 하숙집과 같다'는 반응이 나타난다. 기쁨, 애정, 유머 등과 같은 긍정적 감정을 경험하지 못한다. 심지어 표정이나 행동에서는 서로 긴장하고 있지만 서로 긴장하고 있다는 것을 의식하지 못한 채, '우리 부부는 아무 문제가 없다'고 말한다. 부부 사이에서 긍정적 정서의 상호성이 부족하고 부정적 정서의 상호성이 존재하는 것을 서로 인정하지 않는다(반신환, 2007).

둘째, Gottman이 말하는 지각은 배우자의 행동에 대한 지각으로 해석을 포함하고 있기 때문에 단순히 지각이 아니라 인지과정을 의미한다. Gottman의 연구를 보면 부부 중 69%는 반복되어 나타나는 문제들을 경험한다. 이러한 경우 행복한 부부는 그 문제에 대하여 서로의 의견을 듣기 위해 대화를 한다는 것이다. 솔직한 대화는 상대방으로부터의 오해를 차단하게 되고 그것이 현실적으로는 마음의 상처를 줄 수 있지만 부부 사이의 오해가 없어지므로 부부관계를 더욱 건강하게 만드는 요소로 작용하는 것이다. 똑같은 문제를 가지고 있어도 부부관계가 좋지 않은 경우에 더 부정적인 시각을 가지고 있다. 문제의 원인이 누구인가 생각하기보다는 모든 문제에 있어 상대방의 잘못이라고 생각하는 부정적 자각이 불행한 가정을 낳게 되는 것이다. 불행한 부부는 실수를 상대방의 성격적인 특징으로 돌리지만, 행복한 부부는 상대방의 좋은 성격적인 부분을 일반화시킨다. 행복한 부부는 자신의 문제를 극복하는 능력이 높다. 이를 위해 의사소통(대화법)의 활용이 무엇보다 중요하고 부부관계의 친밀감을 회복하기 위해 필연적인 것이라고 볼 수 있는 것이다(Gottman, 1999).

반신환(2007)은 Gottman이 부부관계의 인지에서 귀인(貴人)에 초점을 둔다고 말한다. Gottman은 부부관계에 영향을 주는 것은 단순한 행동이나 환경이기보다 그것에 대한 개인적 평가, 즉 신념이 더 중요하다고 주장한다. 특히 부부가 서로 갈등을 나타내는 주요 문제 가운데 해결할 수 있는 것은 31%에 불과하고 69%는 해결할 수 없는 만성적 문제라는 점을 지적하면서, 귀인의 중요성을 주장한다.

셋째, 생리기능으로 Gottman은 심리생리학자인 Levenson과 공동으로 부부가 갈등에 대해 논의하는 과정에 나타나는 생리적 반응과 행동을 관찰해서 3년 후의 그 부부의 이혼여부를 90% 이상의 정확성을 갖고 예측할 수 있다는 연구를 발표했다(Levenson & Gottman, 1985; Gottman & Levenson, 1992).

Gottman은 부부 상담에서 부부의 상호작용 속에서 일어나는 부부의 생리적 반응을 직접 보여준다. 이를 위해 Gottman은 상담실에서 남편용과 부인용 탁상 심박계 두 개를 사용한다. 그는 1분당 맥박수가 약 100을 넘으면 스트레스에 관련된 호르몬이 방출되기 시작하고 '확산되고 혼란된 생리적 긴장(diffuse physiological arousal)'이 시작된다고 판단한다(Gottman, 1999). 우리 몸은 이러한 위험하다고 지각되는 상황에 효율성 있게 대처하기 위해 많은 부분을 동시에 작동시키는 상태이다. 이 상태는 자율신경계가 작동되는 것으로, 몸을 흥분시키는 교감신경계와 진정시키는 부교감신경계로 이루어져 있다고 그는 주장한다. 이 상태가 되면 우리 몸은 정상적 상태를 벗어나 응급의 상태로서 공격하거나 회피하는 극단적 이분법적 행동이 나타난다. 그러므로 부부가 이런 상태에 도달하면 정상적 사고나 의사소통이 불가능하게 되는 것이다(반신환, 2007).[8)]

---

8) Gottman은 '생리적 진정(physiological soothing)'에 영향을 주는 요인도 연구하였는데, 이 요인으로는 유머, 애정표현, 적극적 관심의 표명, 발화자의 언사를 적극 청취하고 있다는 것을 나타내는 비언어적인 반응, 갈등의 진정 등이 포함된다. Gottman(1999)은 생리적 반응에 있어서 성차도 주장한다. 부부갈등의 상황에서 남성은 더 쉽게 더 많이 긴장하거나 흥분하고 진정하는 데 더 많은 시간이 필요하다. 남성은 긴장을 유발하는 사고에 매달리는 경향이 있고 여성은 관계를 증진시키는 사고를 갖고 있다고 주장한다(Gottman, 1999).

(3) 행복한 결혼의 집(Sound Marital House) 모형

Gottman은 '행복한 결혼의 집' 모형을 이전에 사용하던 부부상담 방법으로부터의 전환으로 보고 있다. 이는 Gottman이 사용하던 의사소통, 특히 갈등해결의 방법(Gottman, Notarius, Gonso & Markman, 1976) 보다 친구관계를 이상적인 부부관계로 삼고 긍정적 상호작용을 증진하는 방향에 초점을 두고 있는 것에서 찾는다. Gottman은 그의 모형을 통해 배우자에 대해 긍정적 시각이 형성되고 부부가 서로 긍정적 상호작용을 증진하고 있을 때 부부의 의사소통과 갈등해결은 자연스럽게 이루어진다고 본다. 이러한 부부는 공동의 의미, 즉 유사성을 형성하게 된다는 것이다. 다음은 Gottman의 행복한 결혼의 집에 대한 설명이다.

〈표 6〉 Gottman(1999)의 행복한 결혼의 집

층수	명칭	특징	설문문항
1	사랑의 지도 (Love maps)	상대방이 좋아하는 사항들을 체크하므로 배우자의 세계를 이해하고 평상시에 관심을 보여주는 것이다.	배우자의 가장 친한 친구, 괴롭히는 사람, 친척, 종교적 신념, 삶의 철학, 현재의 열망, 스트레스, 좋아하는 영화, 성장과정 등
2	애정의 가치의 체계 (fondness and admiration system)	배우자의 긍정적인 측면에 초점을 두고 대화를 나누는 것으로 부부가 배우자에게 발견되는 가치와 경탄을 분명하게 표현하고 사랑하는 것이다.	배우자와 결혼한 이유, 애정, 성공, 존경에 대한 표현, 인정, 성적 만족에 대한 지각 등
3	정서적 은행 구좌	일상생활 속에서의 부부간의 접근과 외면, 접근은 정서적 유대를 요구하는 배우자의 신호를 지각하고 관심을 보여주고 열정을 갖는 반응을 보여준다.	일상생활 속의 사소한 대화 정도, 부부간의 대화에 대한 선호도, 부부가 함께하는 활동과 시간, 부부간의 취미, 공동의 시간에 대한 만족도 등

층수	명칭	특징	설문문항
4	긍정적 조망	부부가 과거를 기억하거나 새로운 문제를 바라보는 과정에 사용되는 긍정적 관심이다.	
5	갈등조절	행복한 부부관계는 갈등을 사라지게 하는 것이 아닌 악화되지 않도록 조절하는 것이다.	
6	꿈과 열망	갈등의 원인을 이해하고 상대방의 필요를 함께 만족시켜 나아가는 것이다.	
7	공동의 상징적 의미	부부간의 활동에서 공통의 분모를 창조하는 것이다.	

§ 자료 : Gottman(1999), 반신환(2007).

(4) Gottman의 부부치료 원리

결혼문제 상담가들은 자신들이 학습한 지식이나 경험, 직관이나 가족사 또는 종교적인 신념에 기초를 두면서 조언을 해 왔지만, 과학적인 이론에 근거한 관점은 결여되어 있었다. 하지만 워싱턴대학의 심리학과 교수인 John Gottman은 20여 년간 결혼생활의 본질을 탐구하기 위하여 대대적이고도 전대미문의 새로운 연구에 몰두하여 얻어진 과학적인 데이터를 토대로 부부치료를 하고 있다.

그는 '애정 연구소'라는 조작된 원룸에서 매직 유리를 통해 실험에 응한 부부의 일상생활을 관찰하고, 가슴에 부착된 센서로 그들의 맥박, 혈압, 땀 등을 측정하며 카메라로 얼굴의 표정과 대화 등을 수백 개의 비디오테이프에 담아 분석하였다. 이러한 연구를 통해 얻은 최대의 성과는 이혼을 예측할 수 있다는 것과 그러한 상태가 되는 것을 막기 위한 일곱 가지 원리를 발견했다는 데 있다.

Gottman교수 팀의 연구소인 'Love Lab(애정 연구소)'에서는 무작위로 선발된 부부들이 이 연구에 협력하기 위하여 조작된 원룸에서 주말을 보낸다. 그리고 이러한 부부들을 통하여 결혼의 안정과 이혼의 예측을 감정과 생리적 반응 그리고 의사소통을 통하여 여러 해 동안 연구를 거듭한 결과, 이 부부가 앞으로 행복한 결혼생활을 할 수 있는가, 이혼의 길을 걷게 될 것인가를 평균 91%의 정확도로 예측할 수 있게 되었다(www.gottman.com).

그는 행복한 결혼생활을 하려면 정서적 지능(EQ)으로 결혼생활을 하라고 강조한다. 그의 연구 결과에 의하면 행복한 결혼생활을 하는 부부는 특별히 머리가 좋은 것도 아니고 유복하지도 않으며, 심리학에 통달한 사람들도 아니었다. 그러나 행복하고 안정된 부부는 상대방의 부정적인 면보다는 긍정적인 면에 더 큰 비중을 두고 있었다. 이것을 Gottman은 '정서적 지능(emotional intelligence)'에 의한 결혼생활이 정서적 지능이 풍부한 부부는 상호 이해가 깊고, 상대방의 자존심을 세워 주고, 서로 존경함으로써 행복한 결혼생활을 한다. 다행히도 정서적 지능은 부모가 아이에게 가르쳐 줄 수 있는 것처럼 부부도 배울 수 있는 기술이기 때문에 아이에게 가르쳐 줄 수 있는 것처럼 부부도 배울 수 있는 기술이기 때문에, 이혼이라는 불행한 결말을 막는데 큰 역할을 하고 있다(Gottman & Silver, 1999).

Gottman도 예전에는 다른 상담가와 마찬가지로 의사소통을 잘하라는 방법을 사용하였으나 많은 경우에 있어서 그것만으로는 결혼생활을 회복시키기가 불가능했다. 그 후 행복한 결혼생활을 하고 있는 수백 명의 부부를 연구한 결과 일곱 가지 원리를 알게 되었다. 그는 이러한 원리를 적용하여 자신들의 결혼생활에서 결여된 부분을 찾아내도록 돕고, 두 사람 사이에 가장 필요한 것이 무엇인가에 초점을 맞추어 보강하도록 함으로써 행복한 결혼생활로 이끈다.

Gottman은 부부 사이가 친해지고 갈등을 관리할 수 있기 위해 '건강한 부부의 집'이라는 개념을 제시하였다. 이는 부부관계가 좋아지는 기본 틀을 말한다(이호영, 2004).

Gottman은 부부치료가 효과가 있으려면 첫째, 부부가 친해지는 변화가 있어야 한다. 둘째, 부부가 갈등을 조정하는 방향으로 변해야 한다. 여기서 조정이란 해결을 의미하는 것이 아니다. 영원히 풀리지 않아 계속 안고 갈 갈등도 69%나 존재한다. 셋째, 넘치는 스트레스 관리가 집에서 이루어져야 한다고 하였다.

대부분의 모든 부부들은 갈등을 경험하기 때문에 가족의 조화를 유지시키기 위해서는 갈등해결의 기술을 습득하는 것이 매우 중요하다고 보았다. 부부관계에 있어서 다툼과 분노를 주고받는 것을 파괴적인 것으로 생각되어 왔지만, 장기적으로 볼 때 오히려 해롭지 않을 수 있다는 것을 발견하였다. 다툼과 분노의 모습이 현재에는 불만족스럽지만 3년 후에는 만족스러운 결혼생활의 전조였으며, 반면에 갈등상황에 대해 방어적이거나 경멸하거나 또는 도피해 버린 경우에는 결혼생활에 있어서 장기적인 퇴보로 이어졌다. 그러므로 불만을 직접적으로 표현하면서 터뜨리는 분노는 고통스러울 수도 있지만 동시에 건강한 것일 수 도 있다. 단, 직면시키는 것이 상대방을 방어적으로 만들지 않을 때 효과를 발휘할 수 있다. 중요한 것은 솔직함 그 자체가 아니라 상대방이 용납할 수 있는 방식으로 솔직함을 표현하는 것이다.

Gottman은 '행복한 부부생활의 비결'을 연구한 결과, 비록 부부간에 의견차이가 있더라도 일상생활에서 서로가 상대방에 대한 배려를 어떻게 표현하는가가 그 열쇠라는 것을 알게 되었다. 부부치료 프로그램의 일곱 가지의 원리는 다음과 같다(www.gottman.com).

① '애정지도(love map)'를 지속하라
② 두터운 애정과 경애함을 길러라
③ 배우자에게서 달아나지 말고 다가가라
④ 배우자의 의견을 존중하라
⑤ 해결 가능한 갈등을 해결하라
⑥ 미해결의 갈등을 극복하라
⑦ 함께 공유할 인생의 의미를 창조하라

대부분의 부부들은 높은 긍정적 감정의 설정점에서 결혼생활을 시작하여, 두 사람의 관계가 악화되리라고는 상상조차 하지 않는다. 그러나 이러한 신혼의 상태가 영속되는 일은 아마 없을 것이다. 부부싸움은 이렇게 시작되어 상대방을 꾸짖고, 화내고, 원한을 품는 일이 거듭되면서 부부의 우정이 사그라진다. 그 결과, 부정적인 감정만이 끓어올라 배우자의 모든 것에 대하여 혐오감을 품게 되고 이런 상태가 지속되면 결혼 초의 설정으로 복원하기 매우 어려워진다. 다음은 Gottman이 연구결과를 토대로 제시한 '행복한 부부의 일곱 가지 특성'이다.

첫째, 서로의 개인 생활에 관해 충분히 알고 있다. 정서적 지능으로 결합되어 있는 부부들은 서로의 개인생활에 관해서 충분히 알고 있다. Gottman

(2000)은 이러한 부부를 '상세한 애정지도를 갖고 있는 부부'라고 부른다. '애정지도(Love map)'란 배우자의 인생과 관련된 정보를 머릿속에 그려 놓은 지도로, 상대방에 대한 애정이 강할수록 정확하고 상세하게 그려지게 된다. Beck(1988)도 배우자의 요구를 깨닫고 어떤 방법으로든 들어주면 부부관계에 큰 힘이 된다고 하였다. 배우자의 인생목적, 고민이나 걱정, 그리고 꿈과 희망 등을 명확하게 알고 있는 부부는 둘 사이의 애정이 깊어 행복한 부부생활을 할 뿐만 아니라 결혼생활의 위기를 만났을 때도 그것을 견딜 수 있는 강한 힘을 갖게 된다.

둘째, 서로 배려하고 존중하는 마음을 갖고 있다. Gottman et als(1976)는 부부문제가 없는 부부들은 문제해결을 위한 토론을 할 때 이해나 지지로 나타내면서 확신을 갖고 배우자가 제기한 문제에 반응을 하는 반면, 부부문제가 있는 부부는 그러한 표현에 대해 불평으로 반응한다고 하였다(김규식 외, 1999). 특히 부부갈등의 상당수는 완화의 대상이지 완치의 대상은 아니라는 관점에서 부부간 우호적 관계를 해칠 수 있는 네 가지의 태도, 즉 비난, 경멸, 방어, 도피에 대해 언급하였다. 하지만 배려와 감사의 마음은 이로부터 부부관계가 깨지는 것을 막아 준다(Gottman, 1994).

셋째, 일상생활에서도 상대방과 진지하게 마주본다. 서로 진심으로 대하고 있는 부부는 애정 어린 유대관계가 형성되어 강한 스트레스를 받아 충돌하거나 힘겨운 문제에 휩쓸렸을 때에도 이겨낼 수 있는 힘이 있다. 이러한 비결은 평범한 일상생활에서도 상대방과 마주 대하는 것이다. Gottman은 부부가 배우자의 관심, 흥미, 애정 그리고 감정적인 지지를 받기 위한 시도를 하는데 이를 '비드(bid)'라 이름 붙였다. 이러한 비드로 마주 대하는 부부가 있는가

하면, 비드로부터 도망가는 부부도 있다. 마주 대하는 것은 애정의 교류, 로맨스, 정열을 북돋워서 결국 원만한 성생활에 이르게 하는 반면 이러한 마음의 교류가 없으면, 레스토랑에서 근사한 식사를 하거나 멋진 휴가를 함께 보낸다 해도 애틋한 감정이 생겨나지 않는다.

넷째, 상대방의 의견을 존중한다. 남편이 아내의 의견을 존중하는 부부는 무시하는 부부보다 훨씬 행복한 결혼생활을 하고 있고, 이혼율도 낮다는 것이 밝혀졌다. 통계적으로 남편이 독단적인 경우 81%가 결혼 생활의 파국을 맞고 있다(Gottman & Silver, 1999). 우리나라에서도 부부간의 불화와 관련된 상황에서 인격무시(70.3%)가 가장 높게 나왔다. 반대로 남편이 존경심을 갖고 아내를 대하고, 결정권을 아내와 함께 갖는 것에 대한 거부감을 느끼지 않는 부부는 오랫동안 행복하고 안정된 결혼생활을 할 수 있다는 연구 결과가 있다. 이런 부부들은 비록 의견 충돌이 있다 해도, 남편이 자신의 주장만을 고집하지 않고, 두 사람 다 납득할 수 있는 중용의 해결책을 찾아내게 된다.

다섯째, 갈등 상황에서도 친구처럼 대해 준다. Gottman이 조사한 부부 가운데 부러울 만큼 사이가 좋은 부부라도 일단 말다툼을 하게 되면 상담가가 추천한 방법을 따르지 않았다. 그런데도 그들은 다툼을 그런대로 잘 해결해 나가고 있다. 그들의 해결방법을 조사한 결과, 다음과 같은 과정이 있음을 발견했다(Gottman & Silver, 1999).

① 부드러운 말로 시작한다.

② 회복시도(repair attempt)를 주고받는다.

③ 흥분하지 않는다.

④ 타협한다.

⑤ 상대방의 실수를 관용한다.

특히 '회복시도'가 성공하느냐 실패하느냐에 따라 이후의 부부관계가 크게 달라진다. 회복시도는 갈등해결 과정에서 가장 중요한 부분으로 부정적인 감정이 사라지게 하고 수용이 일어나게 도와준다. 설사 부부싸움 중에 네 가지 위험한 태도가 자주 등장해도 서로 회복시도를 효과적으로 할 수 있으면 결혼생활은 안정을 찾을 수 있다(김준기, 2004)

여섯째, 부부가 서로 깊이 이해하고 유대감을 갖는다. 어느 부부에게나 정도의 차이는 있지만 감정적인 갈등이 언제나 어떤 형태로든 존재한다. 부부싸움을 할 때는 항상 문제의 책임이 상대방에게 있다고 생각하나 체계적인 조사에 의하면, 양쪽 다 책임이 있다는 사실이 발견된다(Gottman, 1979). 다툼은 두 사람의 이해와 중요성의 인식에 차이가 있기 때문에 생겨난다. 그러므로 부부가 서로 깊이 이해하고 유대감을 갖는 것만이 결혼생활을 지키고 보장해 주는 길이다. 이 유대감이 없으면 결혼생활은 폭풍우 속을 헤매는 것 같은 괴로운 지경에 이르게 된다.

일곱째, 배우자의 꿈을 존중하며, 공동의 꿈을 이뤄 간다. 꿈 가운데는 어린 시절 마음에 품은 소망에 기인하는 것이 많다. 또 이러한 꿈을 통하여 갈등의 원인을 밝힐 수도 있다. 그러므로 배우자의 절실한 바람 즉 인생의 꿈을 서로 아는 것이 중요하다. 숨겨진 서로의 꿈을 찾아내는 것은, 부부가 반드시 해내야 하는 도전이기도 하다. 설사 상반되는 꿈이라 할지라도, 상대방의 꿈을 존경하고 서로가 받아들일 수 있는 절충안을 찾아내는 것이 부부이다(서선이, 2004).

2) Seligman의 긍정 심리학

Seligman(2004)의 긍정심리학(Positive Psychology)은 이미 설정된 부부의 행복 범위 내에서 최고의 행복을 누리며 살 수 있는 방법을 알려주는 인간의 행복도를 높여 줄 긍정적 정서에 대한 이해와 증가 방법에 대해 중점 주장한다. 그는 부부의 행복을 학문적으로 연구하는데 있어 방해가 되는 것은 '행복은 지속적으로 향상시킬 수 없다'는 주장뿐만이 아니라 더욱 심각한 걸림돌은 행복, 더 나아가 '인간의 긍정적인 동기'는 헛된 것이라는 믿음이라는 것이다. 이러한 믿음은 많은 문화권에 깊게 뿌리 박혀 인간의 본성을 왜곡하는 독단으로 간주하고 이러한 주장을 뒤엎으려 한다. 즉, 가장 악착같은 독단인 원죄론은 종교의 간섭을 벗어난 오늘날의 민주주의 사회에서도 사라지지 않고 있음을 강조한다. 이 원죄론을 20세기로 끌어들인 사람은 바로 프로이트이다.[9)]

프로이트의 정신분석학은 심리 상담과 정신 치료가 이루어지는 곳곳마다 파고 들어가는데, Seligman의 긍정심리학 또한 이를 모태로 하고 있다. 즉, 긍정심리학을 떠받치고 있는 기둥은 세 가지이다. 첫째는 긍정적 정서에 대한 연구이며, 둘째는 긍정적인 특성에 대한 연구와 여기에는 긍정심리학의 핵심인 강점과 미덕은 물론 지능과 운동성 같은 개인의 '능력'까지 포함한다. 셋째는 긍정적인 제도에 대한 연구이다. 미덕을 장려하고 그것이 다시 긍정적 정

9) 그는 도덕성, 학문, 종교, 기술적 진보를 아우르는 모든 현대 문명을 유아기의 성적 충동과 공격적 본능을 억제하기 위한 정교한 방어기제의 산물로 해석한다. 이런 기본적인 충동을 '억압하는' 것은 충동에서 비롯된 참기 어려운 불안 때문으로, 그 불안을 문명을 일으키는 에너지로 전환시키기 위해서 작용한다는 것이다. 이 논리대로라면 컴퓨터 앞에 있는 것도 내 마음 깊은 곳에서 일렁이는 야만적인 충동을 철저하게 가두고 내 자신을 잘 방어한 데 따른 '보상'인 셈이다.

서의 밑거름이 되게 하는 것은 민주주의의 사회, 유대감 깊은 가족, 자유로운 연구이다. 자신감, 희망, 신뢰감 등과 같은 긍정적 정서는 삶이 편안할 때가 아니라 시련이 닥칠 때 큰 힘을 발휘한다.

Seligman은 다양한 학문적 입장에서 탈(脫)이 아닌 초(超)한계를 꿈꾼다. 정치, 교육, 종교, 문화, 성, 빈부 차이로 인해 생기는 인간적인 고민을 '무시하는' 것이 아니라 그것을 '넘어서서' 인간의 내적인 타고난 심성, 장래성을 찾아 계발할 수 있고, 또 우리는 그렇게 하고 싶은 속성을 가지고 태어남을 주장한다. 자신의 강점과 자신의 만족 추구를 위해서는 물론이고 서로에게 도움이 되도록 이웃과의 조화로운 관계를 위해 사용하면 개인도 행복하고 이웃도 행복해질 수 있다고 주장한다. 또한 행복이 보다 높은 차원의 의미 있는 삶으로 연결시키려면 지식과 능력이 선(善)으로 활용되어 이웃에게 많은 도움을 줄 수 있어야 한다고 주장한다.

이같이 Seligman은 여러 이론이나 주장, 기술, 인간관계와 관련이 있는 것이라면 타 분야의 것이라도 폭넓게 수용하는 개방성에 중점을 두고 모든 학문, 모든 문화예술과 종교적인 입장을 아우르는 긍정심리학이라는 큰 우산 밑으로 끌어안음으로써 행복은 시작된다고 강조한다.

특히, 무엇보다 긍정심리학의 실천과 접근에 대해 70년대부터 지금까지 발전시켜 온 토마스 고든의 의사소통 기술, 윌리엄 글라시의 선택이론을 근거로 한 현실요법이 Seligman에 이르러 행복에 이르는 용서에 이르는 상호보완적이라는 점에서 긍정심리학의 부부교육의 지침서로 그 유용성을 갖는다. 더불어 의미 있는 삶이 숭고한 삶이 되려면 자신의 신이나 창조주 또는 영적인 삶으로 연결될 때 많은 이들이 진정한 행복과 건강을 누리고 장수할 수 있다고 말하듯이 자신은 무신론자이지만 창조주의 계획과 인간의 자유의지에 대한 의문을 던지고, 그의 말이 창조주의 계획, 자유의지, 과학과의 관계에 대한 가장 정확한 답이라 할 수는 없지만, 누구든 긍정심리학을 접할 때 상당 부분 편안하고 선한 삶을 선택할 수 있을 것이라는 믿음을 갖게 한다는 점에서 특징을 갖는다.

3) 부부관계 향상 프로그램

부부관계 향상 프로그램이 모든 부부의 문제 해결에 도움을 줄 수는 없으나 해결된 문제들도 시간이 경과되면 재발되는 단점들을 부분적으로 있음을 인정한다(Zimmerman, 1978; Snyder, Mangrum & Wills, 1993). 이러한 단점들을 보완하기 위하여 인지치료이론, 체계이론, 게슈탈트 이론 등을 접목하여 정서에 초점을 맞춘 부부치료, 전략적 부부치료, 통찰 부부치료 등 단독으로 또는 기존의 행동치료에 통합된 프로그램 형태로 개발·시행하는 일련의 노력들을 통해 발전해 오고 있다(Mueser, Daiuto & Stickle, 1998).

부부관계향상 프로그램은 일련의 연구들을 통해 부부 적응이나 부부관계를 향상시키는 데 긍정적인 효과가 있음이 많은 연구를 통해 확인되었다.[10)]

---

10) 서구에서는 부부관계 향상을 위해 다양한 프로그램들이 개발·실시되어 왔다. 그 중 대표적인 프로그램들로 Miller et al.(1976)이 개발한 미네소타 부부의사소통 프로그램(Minnesota Couple Communication Program), Travis & Travis(1975)의 부부관계 프로그램(Pairing Enrichment Program), Stein(1975)의 부부관계 진단 실습(Marriage Diagnostic Laboratory)의 부부의사소통 실습프로그램, Rappaport(1976)의 부부관계 수정 프로그램, Guerney(1977)의 부부관계 증진프로그램(Conjoint Relationship Enhancement), 그리고 Gordon(1984)의 PAIRS(Practical Application of Intimate Relationship Skills) 등이 있다. 이러한 프로그램들은 공통적으로 개인의 잠재력에 대한 인식 및 개발, 의사소통기술, 친밀성 증진, 행동수

Miller(1971)는 부부관계향상 프로그램이 자기이해를 촉진시켜 부부관계 만족을 달성하는 것으로 보았고, Clinebell(1975)과 Dilon(1975)은 부부관계향상 프로그램이 부부의 자아 존중감을 높여 부부간의 친밀감 수준을 높인다고 하였다. Rappaport(1976)도 부부관계향상 프로그램이 의사소통기술을 발달시킴으로써 자기수용과 타인수용의 폭을 넓히고 행복한 결혼생활을 영위할 수 있도록 한다고 하였다. Carter(1980)는 부부관계에 대한 올바른 자각능력과 갈등상황에 대처하는 해결능력을 키워 준다고 하였다. 그러나 대부분의 부부관계향상 프로그램은 기본적인 의사소통 기술과 갈등해결기술을 제시하여 부부관계를 변화시켜 나갈 수 있는 능력배양에 초점을 둔 반면 부부 자신들의 역동적인 상호관계에 대하여 깊은 인식의 기회를 제공하지 못했다는 제한점을 지니고 있다.

또한 국내의 프로그램 개발 적응연구에 있어서도 1990년대 이후부터 본격적으로 부부를 대상으로 한 프로그램이 개발·실시되어 온 이래 초기에 실행된 프로그램은 가톨릭교회에서 활성화되어 있는 ME(Marriage Encounter)프로그램, 부부관계향상을 위한 학습프로그램, 교회 중심의 예비부부 프로그램, YMCA에서 실시하는 결혼 강좌 등이 있다(김혜석, 1990; 최혜경·노치영·박의순, 1994).

이 프로그램들은 그동안 한국에서 소홀히 다루어져 온 부부관계에 관심을 불러일으키고, 교육을 통해 부부관계 개선을 도모하였다는 데 큰 의의를 두고 있다. 그러나 일부 프로그램들은 종교적 배경이 강하여 대중화하기 어렵거나 외국 프로그램을 바탕으로 하여 문화적 환경이 다른 우리나라 부부들의

정 기술, 성적인 만족 증진 등을 기본으로 하고 있다(모의희, 2002).

요구들을 충분히 반영하지 못하는 등 프로그램의 내용 면에서 조직성과 체계성이 부족하다는 비판을 받고 있기도 하다(권정혜·채규만, 2000).

이러한 프로그램들의 제한점을 보완하기 위하여, 의사소통 기술 습득이나 행동수정을 위한 인지적 재구조화에 초점을 맞춘 프로그램들이 개발·실시되었다(권정혜·채규만, 2000; 김성회, 1999; 이현숙, 1999). 이 프로그램들은 우리나라 부부들에게 절대적으로 부족한 부부간의 대화의 필요성을 인식시키고 대화기술을 습득하게 하는 데 기여하고 있지만 실생활에서 적용하기가 복잡한 면이 있고, 친밀성과 정서적 영역 같은 전반적인 부부관계에서의 변화를 가져오기에 제한적이라 할 수 있다(박남숙, 2000).

최근에는 이와 같은 의사소통 기술 습득이나 인지·행동적 접근 중심의 부부관계 향상프로그램들과 차별화하여 통합적인 프로그램을 개발하려는 노력들이 있었다. 박남숙(2000)은 부부의 친밀성과 정서적 의사소통을 구성요소로 하는 성장 발달적 관점의 Guerney의 관계증진 모델을 기초로 하는 부부성장 집단 프로그램을 개발하여 실시하였다. 모의희(2002)는 Satir의 성장모델과 Mcholland가 주장한 개인의 잠재력 중에서 의사소통과 자아 존중감을 함께 향상시킬 수 있는 성장적 요소들로 구성된 집단상담 프로그램을 개발하여 실시하였다. 이 두 프로그램은 공통적으로 부부의 성장이라는 데 관심을 두고 집단상담을 활용하였다.

위와 같은 부부를 대상으로 한 프로그램에 대하여 효과 검증을 한 연구들은 부부관계 향상에 유의한 효과를 보인 결과(모의희, 2002; 박남숙, 2000; 이창숙, 1997; 이현숙, 1999)도 있었지만, 아무런 영향을 미치지 못한 상반된 연구결과(권정혜·채규만, 2000)도 있다.

4) 부부교육프로그램의 효과

부부관계 향상 프로그램의 효과에 대한 평가와 검증은 그 효과의 지속성 및 긍정적인 변화 여부를 확인할 수 있다는 장점이 있다. 이에 근거하여 앞서 살펴보았던 선행연구의 효과를 정리해 보는 것은 본 연구의 효과성을 예측하는데 유익할 것이다.

Campbell(1974)은 자녀양육 시기의 부부 60쌍을 대상으로 미네소타 의사소통 프로그램을 실시한 결과, 실험집단은 통제집단에 비해 자기노출면에서는 1% 수준의 유의한 차가 있었고, 의사소통 면에서는 5%의 유의한 차이가 있음을 보고하였다. Nunnaly, Miller & Wackman(1976)에 의해 고안된 미네소타 부부의사소통 프로그램은 가장 오래되고 많이 연구되고 있는 보편화된 훈련 프로그램 중 하나로 프로그램은 총 4회로 구성되는데, 1회에는 지각의 틀 즉, 부부들에게 제시하고 지각을 표현하는 기술, 2회에서는 듣기기술, 3회에서는 의사소통의 불일치를 검증하고 보다 효과적인 의사소통 양식을 습득하도록 하고 4회에서는 앞의 단계들을 재 실습하게 했으며, 부부 5~7쌍을 대상으로 기본적으로 치료보다는 훈련을 위한 프로그램으로 부부의 개방된 의사소통 능력을 향상시켜 부부관계를 증진시키는 데 매우 효과적임이 입증되었다. 그리고 Miller(1976)와 최규련(1997)의 미네소타 의사소통 프로그램의 효과를 살펴보면, 첫째, 이 프로그램은 부부대화를 긍정적으로 하는 효과적인 방법을 구체적으로 알려주고 있다는 점에서 다른 프로그램과는 다른 차별성을 제시하고 있다고 하겠다. 특히 '자각의 수레바퀴'를 대화의 도구로 활용하는 것은 대화 방법을 구체적으로 인지하는 데 큰 도움이 되었으며, 한국에서의 효과를 검증하는 연구에서도 이 개념은 서로에 대한 이해를 높이는 동시에 전체 의사소통 방식의 활용을 크게 증가시켜 이 프로그램의 효과를 명백하게 나타내었다. 두 번째는 갈등상황을 상호 협력적으로 전개하는 것이 긍정적이라는 점을 인식하게 하는 효과가 있다. 특히 갈등이 적은 부부에 비해 문제가 많고 갈등이 심각한 부부에게서 프로그램 효과가 더 강하게 나타났으며, 추후조사에서도 그 효과가 지속된다는 것이다. 또한 한국 부부들에게 있어서는 갈등상황에 대처하는 전형적인 양식을 변화시킬 수 있는 전환점이 된다. 즉, '참고 살지', 혹은 '다 그런 거야' 등으로 갈등을 회피하는 것이 미덕으로 여겨졌던 인지를 재구조화하는 방법을 제공한다고 볼 수 있다. 세 번째는 여러 부부들을 대상으로 하는 교육은 교육 내용의 효과 외에도 부부가 서로 공평하게 대화를 주고받을 수 있는 환경과 기회를 제공해주는 부가적인 효과가 있다. 따라서 배우자의 이야기를 듣기만 한다든지, 혼자서만 이야기를 하는 유형에서 탈피하도록 도울 수 있다(이현숙, 1999). 네 번째는 아내의 자아 존중감을 높여 주고 남편의 우울감을 감소시켜 주며, 부부의 결혼 만족도를 증가시켜 주는 효과가 있다. 이것은 추후검사에서도 지속적으로 나타나고 있다. 다섯 번째는 부부관계에 대한 지식의 습득이다(최규련, 1997). 서구사회와는 달리 한국문화에서는 부부관계를 어떻게 만들어 나갈 것인가에 대한 교육을 받을 기회가 상대적으로 적었다. 따라서 이 프로그램의 여러 과정을 거치는 동안 동등한 인격체로서의 부부관을 인지하게 되는 것이다.

Urbon(1980)은 부부관계증진 프로그램에 참가한 부부들이 프로그램을 마친 후에 의사소통의 개선과 갈등을 다스릴 수 있는 능력과 문제를 해결할 수 있는 기술을 배우게 됨으로써 부부관계에서 만족을 느끼고 배우자에 대한 태도와 자기 존중감이 향상되는 경험과 부부관계증진을 통해 의사소통이 향상되는 부부는 갈등을 예방하는 데 도움이 된다고 하였다. 또한 송영란(1989)도 ME프로그램에 참여한 사람들을 대상으로 의사소통 유형과 결혼 만족도를 조사한 결과, 의사소통 유형 중 감정표출 정도의 증가와 결혼 만족도 면에서 결혼생활에 대한 인지요인과, 부부의 사회적·심리적 동료감 요인, 배우자에 대한 존중감 요인에서 효과적으로 나타냈다. 한편 가정생활의 핵심이 되고 있는 부부관계를 향상시키고 만족스런 결혼관계를 이룩하기 위해서는 부부간의 원활한 의사소통 확립이 절대적으로 필요하다고 하였다.

Hanna & Brown(1994)은 구조적·전략적 가족치료자들은 가족체계 안에서 이루어지는 상호작용의 변화에 초점을 두고 가족 안에서 이루어지는 의사소통의 방식에 따라 문제해결방안이 달라지고 효과 또한 달라짐을 주장하였다.

Goldenberg & Goldenberg(2000)는 가족구성원들의 경험, 느낌 또는 인식 등은 서로에게 영향을 미치는 상호의존관계에 놓이게 되는데, 가족 간의 불만이 있는 경우는 만족할 만한 의사소통능력이 결여되어 있는 경우가 많음을 지적하였다.

최혜경 외(1994)의 '결혼초기 부부교육 프로그램'은 첫째, 프로그램으로서의 흥미 유발이나 교육적 측면에서 높은 평가를 받았고, 둘째, 교육에 참여함으로 결혼초기 부부들이 당면하고 있는 배우자에 대한 바람직하지 못한 요구나 기대를 수정할 수 있다는 점과, 셋째, 구조적 질문지와 인터뷰로 효과 검증을 실시하여 매우 긍정적인 영향이 있었음을 보고하였다.

정현숙(1996)의 '부부관계 교육 프로그램'의 효과는 첫째, 교육 대상이 모두 맞벌이 가족이어서 대개는 유사한 문제를 가질 수 있으므로 문제접근이 좀 더 용이했다는 점과, 둘째, 의사소통과 갈등해결 방법을 효과적으로 평가하였다. 또한 부모들은 자녀들의 연극 참여와 부모님께 드리는 편지가 자녀들의 부모에 대한 태도를 이해하는 데 매우 효과적이었다고 평가하였다.

송정아(1996)의 '중년기 부부관계 향상 프로그램'에서는 교육을 통해 얻은 지식, 사고의 변화, 태도 및 행동의 변화, 기술 습득에 관한 구체적인 평가내용을 제시하였는데, 부부 사이의 애정관계, 의사소통, 성역할 수행, 갈등대처 기술, 가치관 차이 인정, 배우자 존중, 헌신 및 성생활, 결혼생활 만족도였다. 여덟 개 항목 중 의사소통, 갈등대처 능력, 가치관의 차이 인정, 배우자 존중, 성생활에 대한 효율성이 유의하게 나타나 이 프로그램이 부부 의사소통, 갈등대처, 성생활 등과 같은 이인적 관계에 대한 태도 변화와 가치관, 배우자 존중 등의 변화에 효과가 있는 것으로 드러났다.

이창숙(1997)의 '부부갈등해결 교육프로그램'은 먼저 사전-사후 검증과 추후 검증을 통해 부부 상호작용의 역기능성이 전반적으로 낮아진 것으로 나타났다. 이를 인지·감정·행동 영역으로 나누어 살펴본 결과, 인지와 행동영역에서 사전-사후 간에 상호작용의 역기능 점수가 낮았다. 이것은 갈등해결 능력이 다소 향상되어 교육의 효과가 있었음을 입증하는 것이다. 두 번째로 사전-사후 간에는 갈등대처 방법에 대한 분석도 이루어졌는데, 분석결과 교육 후 부정적 갈등대처 방법을 적게 사용하고 긍정적 갈등대처 방법을 더 많이 사용하고 있는 것으로 나타났다. 이는 갈등대처 방법도 향상되었다는 것을 보여주는 것이다. 이러한 결과들은 이 프로그램의 부부갈등에 대한 해결 능력에 대한 효과성을 입증하는 것이다.

이현숙(1999)은 자신의 욕구를 표현하는데, 교육수준이 높을수록 의사소통 수준이 향상되므로, 부부의사소통 교육 프로그램으로 결혼 만족을 향상시킬 수 있음을 주장하였으며, 권창현·심희선(2003)은 부부의 개방적이고 긍정적인 의사소통은 가족의 응집력 및 적응력도 높여 준다고 하였다. 또한 안희정(2004)은 그의 연구에서 모의 의사소통 교육으로 인해 모-자녀관계가 개선되었음을 밝히고, 의사소통 교육을 가족으로 확대할 것을 제안하고 있는데, 부부 사이의 원활한 의사소통은 부모-자녀간의 의사소통뿐 아니라 모든 인간관계에 긍정적인 영향을 미침을 주장하였다.

이상의 각 연구자별 주요 효과에 대한 내용을 종합해 보면 다음과 같다.

〈표 7〉 부부교육 프로그램 효과 연구

연구자		주요 내용
국외	Campbell(1974)	실험집단은 통제집단에 비해 자기노출면에서는 1% 수준의 유의한 차가 있었고, 의사소통 면에서는 5%의 유의한 차이가 있음을 보고
	Nunnaly, Miller & Wackman(1976)	기본적으로 치료보다는 훈련을 위한 프로그램으로 부부의 개방된 의사소통 능력을 향상시켜 부부관계를 증진시키는 데 매우 효과적임이 입증
국외	Urbon(1980)	부부관계에서 만족을 느끼고 배우자에 대한 태도와 자기 존중감이 향상되는 경험과 부부관계증진을 통해 의사소통이 향상되는 부부는 갈등을 예방하는 데 도움
	Hanna & Brown (1994)	상호작용의 변화에 초점을 두고 가족 안에서 이루어지는 의사소통의 방식에 따라 문제해결방안이 달라지고 효과 또한 달라짐을 주장
	Goldenberg & Goldenberg(2000)	가족 간의 불만이 있는 경우는 만족할 만한 의사소통능력이 결여되어 있는 경우가 많음을 지적
국내	최혜경 외(1994)	첫째, 프로그램으로서의 흥미 유발이나 교육적 측면에서 높은 평가를 받았고 둘째, 교육에 참여함으로 결혼초기 부부들이 당면하고 있는 배우자에 대한 바람직하지 못한 요구나 기대를 수정할 수 있다는 점과 셋째, 구조적 질문지와 인터뷰로 효과 검증을 실시하여 매우 긍정적인 영향이 있었음을 보고
	정현숙(1996)	첫째, 교육 대상이 모두 맞벌이 가족이어서 대개는 유사한 문제를 가질 수 있으므로 문제접근이 좀 더 용이했다는 점과 둘째, 의사소통과 갈등해결 방법을 효과적으로 평가
	송정아(1996)	프로그램이 부부 의사소통, 갈등대처, 성생활 등과 같은 이인적 관계에 대한 태도 변화와 가치관, 배우자 존중 등의 변화에 효과
	이창숙 외(1998)	갈등해결 능력이 다소 향상되어 교육의 효과가 있었음을 입증
	이현숙(1998)	부부의사소통 교육 프로그램으로 결혼 만족을 향상시킬 수 있음을 주장
	권창현·심희선 (2003)	부부의 개방적이고 긍정적인 의사소통은 가족의 응집력 및 적응력도 높여 줌
	안희정(2004)	부부사이의 원활한 의사소통은 부모-자녀간의 의사소통뿐 아니라 모든 인간관계에 긍정적인 영향을 미침을 주장

§ 자료 : 김진희(2005).

응용문제

01 결혼 만족의 개념을 서술하시오.

02 결혼 만족의 요인에는 어떤 것들이 있는지 설명하시오.

03 가족발달론적 관점에서 본 결혼생활 만족과 가족관계는 어떠한지 설명하시오.

04 올슨(Olson)이 주창한 가족기능론적 관점에서의 순환모델을 설명하시오.

05 결혼생활 만족을 위한 부부의 성장요인에는 어떤 것들이 포함되는지 서술하시오.

06 가트만(Gottman)의 의사소통 이론 중 파멸의 4기수에 대해 설명하시오.

PART II

의사소통이 삶에 미치는 영향에 관한 연구 및 효과 검증의 결과

04 부부의사소통과 결혼생활 만족도 연구

05 부부 의사소통 교육 프로그램의 개발과 효과 검증

06 논의 및 제언

CHAPTER 04

부부의사소통과 결혼생활 만족도 연구

01 연구 방법

1) 연구대상

본 결혼생활 만족증진을 위한 부부 교육 프로그램에 대한 필요성과 적합성을 도출하기 위해 서울시 소재 성인 145명을 대상으로 설문지에 의한 앞의 프로그램 여섯 가지 요인에 대해 설문조사를 실시하였다.

2) 측정도구 및 구성

전체 검사척도는 결혼 만족도 검사(MSS), 의사소통만족도 검사(MCI), 성생활 만족도 검사(DSFI), 부부갈등 대처방식 검사(OPS), 자아 존중감 검사(SES), 스트레스 대처방식 검사를 실시하였다.

(1) 결혼 만족도 척도 및 검사(Martal Satisfaction Scale : MSS)

결혼 만족도 척도는 본래 Roach(1975)가 개발한 측정도구로 총 73문항으로 구성되었으나, 그 후 Bowden(1977)이 타당화 연구를 실시하여 48문항으로 단축해 재구성된 것을 유영주(1986)가 번안한 것을 사용한다. 총 48문항으로서 '전혀 그렇지 않다'에서 '정말 그렇다'까지 5점 척도로 평정한다. 전 문항은 내적 일치도 Cronbach's α=.951이었다. 총 점수는 가능한 범위는 48점에서 240점이며, 점수가 많을수록 결혼 만족도가 높다. 본 연구에서는 20문항을 사용하였다.

(2) 의사소통 만족도 척도 및 검사(Marital Communication Inventory : MCI)

부부간의 의사소통 만족을 측정하기 위하여 Bienvenu(1970)가 개발한 부부의사소통 검사(Marital Communication Inventory : MCI)의 내용 중 의사소통을 직접적으로 측정할 수 있는 항목 20개를 김진희(1998)가 우리나라의 부부에 맞게 수정 보완한 것을 사용하였다. 각 문항은 부정적인 문항의 경우 '언제나 그렇다'(1점)에서 '전혀 그렇지 않다'(5점)로 총점수의 가능한 범위는 20~80점으로 점수가 많을수록 의사소통의 만족이 높다. 이 척도의 신뢰도는

Cronbach's α=.831이었다.

(3) 성생활 만족도 척도 및 검사(Derogatis Sexual Function Inventory : DSFI)

성생활만족 도구는 Derogatis의 성기능척도(Derogatis Sexual Function Inventory, 이하 DSFI, 1979)를 장순복(1989)이 번역하여 우리나라 실정에 맞게 구성한 성생활 만족 10문항을 사용하였다. 이 설문은 김숙남(1997), 이인숙·문정순(2000)의 연구에서 사용되었다. SDFI 원본에서는 Yes, 혹은 No의 2점 척도를 이인숙·문정순(2000)의 연구에서는 4점 척도를 김요한(2000)의 연구에서는 5점 척도를 설문을 사용하였으며, 본 연구에서는 연구의 정밀도를 높이기 위해 5점 척도를 사용하였다. 총 점수의 범위는 10~64점까지이며, 점수가 높을수록 성 만족도가 높다. 김요한(2000)의 연구에서 신뢰도 계수 .84, 이인숙·문정순(2000)의 연구에서 도구의 신뢰도는 Cronbach's α=.858이었다.

(4) 부부갈등 대처방식 척도 및 검사(O'Leary-Porter Scale : OPS)

부부간 갈등대처방식을 측정하기 위해 Porter & O'Leary(1980)의 O'Leary-Porter Scale을 어주경(1999)이 번역한 것을 사용하였다. 이 척도는 외현적으로 표현되는 부부간 갈등의 빈도를 측정하는 것으로서 척도의 신뢰성이 입증되고 있다(어주경, 1999).

총 20문항으로 구성되어 있고, '매우 그렇다'(5점)에서 '전혀 그렇지 않다'(1

점)의 5점 평점척도이며, 10문항은 역 채점 문항이다. 총점의 범위는 10~50점까지이며, 점수가 높을수록 부부간 갈등이 많음을 의미한다. 이 척도의 신뢰도는 Cronbach's α=.78이었다.

(5) 자아 존중감 척도 및 검사(Self-Esteem Scale : SES)

Rosenberg(1965)가 개발한 검사를 전병제(1974)가 번안하였다. 긍정적 자아 존중감 5문항과 부정적 자아 존중감 5문항 등 모두 20문항으로 구성되어 있다. 리커트식 척도로서 긍정적 문항에 대항 응답은 1='매우 부정'에서 5='매우 긍정' 까지 5점 척도이고, 부정적 문항에 대한 응답도 마찬가지이지만 채점할 때 반대로 처리한다. 점수범위는 20~80점까지이다. 점수가 높을수록 자아 존중감이 높은 것을 의미한다. Cronbach's α는 이영자(1995)의 연구에서 .79였으며, 내적 합치도는 전병세(1974)의 연구에서 .80이었다. 본 연구에서는 긍정적 자아 존중감 5문항, 부정적 자아 존중감 5문항, 총 10문항을 사용하였다.

(6) 스트레스 대처방식 척도 및 검사

Folkman & Lazarns(1985)가 개발한 68개 문항으로 이루어진 대처방식 척도를 토대로 해서 김정희·이장호(1985)의 요인분석 과정을 거쳐 수정 보완하여 20개의 문항으로 구성한 리커트 5점 평정척도를 사용하였다. 이 척도의 내적 신뢰도는 전체적으로 Cronbach's α=.84이며, 하위요인별로는 문제중심적 대처요인 Cronbach's α=.95, 사회적 지지 추구 요인이 Cronbach's α=.57, 정서 완화적 대처 요인이 Cronbach's α=.60, 소망적 사고 대처 요인이 Cronbach's α=.64이다. 문제 중심적 대처와 사회적 지지 추구는 적극적 대처이고, 정서 완화적 대처와 소망적 사고 대처는 소극적 대처이다. 본 연구에서는 적극적 대처 10문항, 소극적 대처 10문항, 총 20문항을 사용하였다.

3) 자료 분석

수집된 자료는 SPSS for Windows 12.0 프로그램을 이용하여 분석하였다.

첫째, 결혼생활 5년 이하의 연구 대상자와 결혼생활 6년 이상의 연구 대상자의 각 변수 간 상관관계를 분석하였다.

둘째, 결혼생활 5년 이하의 연구 대상자와 결혼생활 6년 이상의 연구 대상자의 각 변수의 성별에 따른 차이를 검정 실시하였다.

셋째, 결혼생활 5년 이하의 연구 대상자와 결혼생활 6년 이상의 연구 대상자의 결혼 만족도에 대한 다중회귀분석을 실시하였다.

02 연구 결과

1) 조사대상자의 인구통계학적 특성

다음 〈표 8〉은 조사대상자의 인구통계학적 특성에 대해 알아보기 위하여 빈도분석을 실시한 결과이다. 분석결과 성별은 남성 91명(62.8%), 여성 54명(37.2%)으로 나타났고, 연령은 20대 27명(18.6%), 30대 23명(15.9%), 40대 64명(44.1%), 50대 이상 31명(21.4%)으로 나타났다.

결혼기간은 10년 미만 51명(35.2%), 10~20년 미만 39명(26.9%), 20년 이상 55명(37.9%)으로 나타났고, 학력은 중졸 이하 9명(6.2%), 고졸 89명(61.4%), 대졸 37명(25.5%), 대학원 이상 10명(6.9%)으로 나타났다.

남편 직업은 생산 근로직 77명(53.1%), 사무직 16명(11.0%), 관리직 14명(9.7%), 판매직 11명(7.6%)으로 나타났고, 부인 직업은 주부 86명(59.3%), 판매직 14명(9.7%), 사무직 12명(8.3%) 순으로 나타났다.

가정의 월수입은 200만 원 이하 41명(28.3%), 200~300만 원 이하 56명(38.6%), 300~400만 원 이하 34명(23.4%), 400만 원 이상 14명(9.7%)으로 나타났고, 종교는 기독교 63명(43.4%), 무교 52명(35.9%), 불교 16명(11.0%), 천주교 10명(6.9%)으로 나타났다.

〈표 8〉 일반 조사대상자의 인구통계학적 특성

구분		빈도	퍼센트
성별	남성	91	62.8
	여성	54	37.2
연령	20대	27	18.6
	30대	23	15.9
	40대	64	44.1
	50대 이상	31	21.4
결혼기간	10년 미만	51	35.2
	10~20년 미만	39	26.9
	20년 이상	55	37.9
학력	중졸이하	9	6.2
	고졸	89	61.4
	대졸	37	25.5
	대학원 이상	10	6.9
직업(남편)	사무직	16	11.0
	관리직	14	9.7
	판매직	11	7.6
	생산 근로직	77	53.1
	기타	27	18.6

구분		빈도	퍼센트
직업(부인)	사무직	12	8.3
	판매직	14	9.7
	주부	86	59.3
	기타	33	22.8
가정 월수입	200만 원 이하	41	28.3
	200~300만 원 이하	56	38.6
	300~400만 원 이하	34	23.4
	400만 원 이상	14	9.7
종교	불교	16	11.0
	기독교	63	43.4
	천주교	10	6.9
	무교	52	35.9
	기타	4	2.8
합계		145	100.0

2) 결혼생활 5년 이하와 6년 이상 부부의 변수 간 상관관계 분석

(1) 결혼생활 5년 이하

다음 〈표 9〉는 결혼 5년 이하 부부의 변수 간 상관관계분석을 실시한 결과이다. 분석결과 먼저 자아 존중감은 성 만족도(r=.292), 적극적 대처(r=.626), 소극적 대처(r=.320), 갈등 대처(r=.347), 의사소통 만족도(r=.591), 결혼 만족도(r=.430)와 통계적으로 유의미한 정(+)의 상관관계가 있는 것으로 나타났고, 성 만족도는 적극적 대처(r=.316), 갈등 대처(r=.352), 결혼 만족도(r=.403)와 통계적으로 유의미한 정(+)의 상관관계가 있는 것으로 나타났다. 또한 적극적 대처는 소극적 대처(r=.326), 갈등대처(r=.437), 의사소통 만족도(r=.442), 결혼 만족도(r=.456)와 통계적으로 유의미한 정(+)의 상관관계가 있는 것으로 나타났고, 갈등 대처는 의사소통 만족도(r=.485), 결혼 만족도(r=.454)와 통계적으로 유의미한 정(+)의 상관관계가 있는 것으로 나타났다. 마지막으로 의사소통 만족도는 결혼 만족도(r=.537)와 통계적으로 유의미한 정(+)의 상관관계가 있는 것으로 나타나 전반적으로 각 변수는 상호 보완적인 관계에 있음을 알 수 있다.

〈표 9〉 각 변수 간 상관관계 분석(결혼생활 5년 이하)

구분	자아 존중감	성 만족도	적극적 대처	소극적 대처	갈등대처	의사소통 만족도	결혼 만족도
자아 존중감	1						
성 만족도	.292*	1					
적극적 대처	.626**	.316*	1				
소극적 대처	.320*	.126	.326*	1			
갈등대처	.347*	.352*	.437**	.097	1		
의사소통 만족도	.591**	.278	.442**	.154	.485**	1	
결혼 만족도	.430**	.403**	.456**	.274	.454**	.537**	1

*p〈.05, **p〈.01

(2) 결혼생활 6년 이상

다음 〈표 10〉은 결혼 6년 이상 부부의 변수 간 상관관계분석을 실시한 결과이다. 분석결과 먼저 자아 존중감은 성 만족도(r=.209), 적극적 대처(r=.437), 소극적 대처(r=.495), 의사소통 만족도(r=.410), 결혼 만족도(r=.284)와 통계적으로 유의미한 정(+)의 상관관계가 있는 것으로 나타났고, 성 만족도는 적극적 대처(r=.212), 갈등 대처(r=.449), 의사소통 만족도(r=.436), 결혼 만족도(r=.347)와 통계적으로 유의미한 정(+)의 상관관계가 있는 것으로 나타났다. 또한 적극적 대처는 소극적 대처(r=.392), 갈등대처(r=.275), 의사소통 만족도(r=.415), 결혼 만족도(r=.341)와 통계적으로 유의미한 정

(+)의 상관관계가 있는 것으로 나타났고, 갈등 대처는 의사소통 만족도(r=.454), 결혼 만족도(r=.436)와 통계적으로 유의미한 정(+)의 상관관계가 있는 것으로 나타났다. 마지막으로 의사소통 만족도는 결혼 만족도(r=.453)와 통계적으로 유의미한 정(+)의 상관관계가 있는 것으로 나타나 전반적으로 각 변수는 상호 보완적인 관계에 있음을 알 수 있다.

〈표 10〉 각 변수 간 상관관계 분석(결혼생활 6년 이상)

구분	자아 존중감	성 만족도	적극적 대처	소극적 대처	갈등대처	의사소통 만족도	결혼 만족도
자아 존중감	1						
성 만족도	.209*	1					
적극적 대처	.437**	.212*	1				
소극적 대처	.495**	.014	.392**	1			
갈등대처	.093	.449**	.275**	−.050	1		
의사소통 만족도	.410**	.436**	.415**	.219*	.454**	1	
결혼 만족도	.284**	.347**	.341**	.169	.436**	.453**	1

*p〈.05, **p〈.01

3) 결혼생활 5년 이하와 6년 이상 부부의 성별에 따른 차이 분석

(1) 결혼생활 5년 이하

〈표 11〉는 결혼생활 5년 이하 부부의 성별 에 따라 차이가 있는지를 분석한 결과이다. 분석결과 자아 존중감, 성 만족도, 적극적·소극적 대처, 갈등 대처, 의사소통 만족도, 결혼 만족도는 성별에 따라 통계적으로 유의미한 차이가 나타나지 않았다(p〉.05).

〈표 11〉 부부의 성별에 따른 차이(결혼생활 5년 이하)

구분	성별				t	p
	남자		여자			
	M	SD	M	SD		
자아 존중감	3.49	.655	3.57	.462	−.481	.633
성 만족도	3.54	.445	3.31	.486	1.673	.101
적극적 대처	3.36	.407	3.45	.381	−.732	.468
소극적 대처	3.15	.411	3.14	.418	.075	.940
갈등 대처	3.81	.742	3.57	.799	1.066	.292
의사소통 만족도	3.52	.523	3.44	.541	.465	.644
결혼 만족도	3.57	.620	3.62	.766	−.210	.835

(2) 결혼생활 6년 이상

다음 〈표 12〉는 결혼생활 6년 이상 부부의 성별에 따라 차이가 있는지를 분석한 결과이다. 분석결과 소극적 대처와 의사소통 만족도에 대해 통계적으로 유의미한 차이가 나타났으며(p〈.05), 여자의 경우 남자에 비해 상대적으로 소극적 대처와 의사소통 만족도가 높게 나타남을 알 수 있다.

〈표 12〉 부부의 성별에 따른 차이(결혼생활 6년 이상)

구분	성별				t	p
	남자		여자			
	평균	표준편차	평균	표준편차		
자아 존중감	3.57	.457	3.79	.504	−2.114	.037
성 만족도	3.28	.537	3.09	.733	1.425	.157
적극적 대처	3.51	.420	3.54	.381	−.265	.791
소극적 대처	3.11	.413	3.33	.465	−2.275*	.025
갈등 대처	3.94	.624	3.66	.729	1.928	.057
의사소통 만족도	3.45	.511	3.70	.632	−2.064*	.042
결혼 만족도	3.48	.877	3.41	1.006	.395	.694

*p〈.05

4) 결혼생활 5년 이하와 6년 이상 부부의 결혼 만족도에 영향을 미치는 요인 분석

(1) 결혼생활 5년 이하

다음 〈표 13〉은 결혼 5년 이하 부부의 결혼생활 만족도에 영향을 미치는 요인을 알아보기 위하여 다중회귀분석을 실시한 결과이다. 분석결과 회귀모형의 설명력은 33.9%이고, 회귀식은 통계적으로 유의한 것으로 분석되었다(F=4.927, p〈.01). 독립변수로서 의사소통 만족도가 결혼 만족도에 통계적으로 유의한 정(+)의 영향을 미치는 것으로 나타났으며(p〈.05), 의사소통 만족도가 높아지면 결혼 만족도는 .329의 상승이 있는 것으로 나타났다.

〈표 13〉 결혼 만족도에 영향을 미치는 요인(결혼생활 5년 이하)

구분	비표준화 계수		표준화 계수	t	p	F	R2
	B	표준오차	베타				
(상수)	−.975	.956		−1.020	.314	4.927**	.339
자기 존중감	−.009	.222	−.007	−.042	.967		
성 만족도	.290	.192	.199	1.511	.139		
적극적 대처	.250	.294	.140	.850	.400		
소극적 대처	.239	.219	.141	1.091	.282		
갈등 대처	.137	.132	.152	1.034	.307		
의사소통만족도	.434	.211	.329	2.054*	.047		

종속변수 : 결혼 만족도
*p〈.05, **p〈.01

(2) 결혼생활 6년 이상

다음 〈표 14〉는 결혼생활 6년 이상 부부의 결혼생활 만족도에 영향을 미치는 요인을 알아보기 위하여 다중회귀분석을 실시한 결과이다. 분석결과 회귀모형의 설명력은 26.4%이고, 회귀식은 통계적으로 유의한 것으로 분석되었다 (F=6.813, p<.01). 독립변수로서 갈등 대처가 결혼 만족도에 통계적으로 유의한 정(+)의 영향을 미치는 것으로 나타났으며(p<.05), 갈등 대처가 높아지면 결혼생활 만족도는 .267의 상승이 있는 것으로 나타났다.

〈표 14〉 결혼생활 만족도에 영향을 미치는 요인(결혼생활 6년 이상)

구분	비표준화 계수		표준화 계수	t	p	F	R2
	B	표준오차	베타				
(상수)	-.660	.754		-.875	.384		
자기 존중감	.136	.180	.084	.757	.451		
성 만족도	.130	.133	.100	.976	.331		
적극적 대처	.204	.203	.106	1.006	.317	6.813**	.264
소극적 대처	.097	.187	.054	.518	.605		
갈등 대처	.314	.125	.267	2.518*	.014		
의사소통 만족도	.277	.158	.198	1.749	.084		

종속변수 : 결혼생활 만족도

5) 결혼생활 5년 이하와 6년 이상 부부의 통계 결과 비교

결혼생활 5년 이하는 결혼생활 6년 이상과 달리 자아 존중감과 갈등 대처가 의미 있는 정적 상관관계가 있었고, 결혼생활 6년 이상은 결혼생활 5년 이하와 달리 소극적 대처와 성 만족도가 의사소통 만족도와 의미 있는 정적 상관관계가 있었다.

신혼기(결혼생활 5년 이하)는 자아 존중감이 높으면 갈등 대처 수준이 높고, 소극적 대처는 의사소통 만족도와의 상관관계가 유의하지 않았다.

결혼생활 5년 이하는 모든 변인의 성차가 유의하지 않았다. 결혼생활 6년 이상은 소극적 대처와 의사소통 만족도에 성차가 있었다. 여성이 소극적 대처를 남성에 비해서 더 많이 사용하고, 의사소통 만족도도 더 높았다.

결혼생활 5년 이하 연구대상자의 결혼생활 만족도에 영향을 끼치는 변인은 의사소통 만족도였고 결혼생활 6년 이상 연구대상자의 결혼생활 만족도에 영향을 끼치는 변인은 갈등 대처였다.

CHAPTER 05 부부 의사소통 교육 프로그램의 개발과 효과 검증

01 부부 의사소통 교육 프로그램의 개발

부부 의사소통교육 프로그램을 구성하기 위하여 기존의 부부 교육 프로그램들과 결혼생활 만족을 위한 프로그램들을 고찰하였고 연구 1의 결과를 토대로 본 연구를 위한 부부 의사소통 교육 프로그램을 개발하였다.

다음에 제시된 〈표 15〉는 위에서 제시한 국내외 부부관계 향상을 목적으로 개발된 프로그램들 중에서 대표적인 프로그램들의 이론 및 가정(假定), 그리고 주된 교육내용을 정리한 것이다.

〈표 15〉 국내외 대표적인 부부관계향상프로그램의 이론 및 가정, 주된 교육내용

프로그램명	개발자	이론 및 가정	주된 교육 내용
Marriage Encounter (ME)	Calvo(1967)	가정 : 인간관계의 문제는 상대방에게 가면 쓴 거짓모습을 보여주는 데 있다.	의사소통(자기개방 강조) 정서적 대화(공감반응)
Minnesota Couple Communication Program(MCCP)/ 한국형MCCP	Miller, Nunnally & Wackman(1968) 채규만·최규련 (1996)	이론 : 체계이론, 의사소통이론 가정 : 가족체계와 부부체계를 성장시킨다.	자신과 배우자 관계에 대한 자각과 이해/ 의사소통 기술/ 갈등해결 기술
Relationship Enhancement(RE)	Guerney(1977)	이론 : Rogers의 비지시적 내담자 중심이론	의사소통기술(감정적 의사소통, 공감적 경청)/ 갈등해결기술
PAIRS	Gordon(1984)	이론 : 경험주의이론, 대상관계이론, 행동주의 이론과 가족체계 이론의 통합적 모델	사랑의 매듭/ 감정적 이상반응/보이지 않는 장부(원 가족)/신뢰의 기술/ 감정이입적 경청
중년기 부부관계 향상 프로그램	송정아(1994)		자아정체감, 자아발견/성역할/성, 사랑의 표현기술/의사소통기술/갈등해결 기술
부부관계 향상 프로그램	오윤자(1994)		차이점 수용/감정이입, 감정표현/의사소통기술/부부간 친밀성/갈등해결
부부관계 프로그램 (일, 사랑, 가족 함께 가기)	정현숙(1995)	이론 : 체계론적 관점	남녀차이/부부간 인식차이/성역할/의사소통기술/갈등해결기술/부모–자녀관계
부부갈등해결 교육프로그램	이창숙·유영주 (1998)	이론 : Baucom & Epstein의 인지–행동적 모델	남녀이해/친밀감형성/역기능적 지각과 귀인패턴의 재구조화/역기능적 규준, 기대, 가정의 재구조화/분노조절/감정적 상호작용/의사소통훈련/문제해결과정

§ 자료 : 김진희(2005).

이상의 표에서 나타내고 있는 것을 포함하여, 1990년대 이후부터 국내에서 실시되고 있는 프로그램들은 약 65개이며, 프로그램의 특성에 따라 접근방식이나 교육대상, 수행방법 등을 달리하고 있다. 현재까지 실시되고 있는 프로그램 중 부부관계향상을 목적으로 한 프로그램은 45개(70%)이며, 특정 기술을 습득하기 위한 것으로 의사소통 향상을 주목적으로 한 프로그램은 12개(18%), 갈등해결 중심 프로그램은 8개(12%)이다. 이처럼 프로그램의 특성에 따라 중재요소들이 다양하지만 궁극적으로 모든 프로그램들은 '부부관계 향상'이라는 목적을 지향하고 있다.

프로그램의 내용을 살펴볼 때, 공통적으로 모든 프로그램에서 부부 의사소통 기술과 갈등해결 기술을 포함하고 있으며, 그 외에 친밀감 증진, 성적만족 증진, 잠재력 각성 및 개발, 정서(감정) 등을 포함하고 있음을 알 수 있다. 그리고 각 프로그램의 배경 이론이나 모형들은 주로 의사소통이론, 인지행동이론, 체계이론 등이 중심을 이루며, 최근에는 이들과 차별화하여 통합적인 접근까지도 시도하고 있는 점이 특징적으로 엿볼 수 있다.

이와 같은 프로그램들은 각각 지적하는 양상이 조금씩 다르지만 일반적으로 나타난 문제점들을 요약하면 다음과 같다.

첫째, 기법이 너무 어려워 부부들이 스스로 이용하기에 무리가 있고 실생활에 적용하기 힘들다.

둘째, 부부관계를 중심으로 한 활동 보다는 기술습득에 치중하며, 특히 의사소통기술에 편중되어 있다.

셋째, 외국 프로그램에 바탕을 두어 한국 부부들의 요구를 충분히 반영하지 못하고 있다.

넷째, 앞에서 소개한 프로그램들을 제외하고 대부분의 프로그램들이 프로그램구성을 위한 배경이론이 미비하고, 이론적 배경이 있어도 교육내용과 접목되는 부문이 미약한 편이다.

다섯째, 교육내용이 의사소통과 갈등해결, 인지적 재구조화를 통한 행동수정 등 부분적인 요인에 초점을 두는 경향이 있다.

따라서 신혼기 부부 의사소통 교육 프로그램은 연구 1의 결과에 근거하여 다음과 같은 원칙에 따라 구성하였다.

첫째, 의사소통 만족도가 결혼 만족도에 가장 중요하다.

둘째, 남녀 성차가 없다. 프로그램에서 성차를 고려하지 않는다.

셋째, 의사소통 만족도를 높이기 위해 자아 존중감, 적극적 대처, 갈등의 대처의 수준을 높인다.

넷째, 성만족도가 의사소통 만족도와 유의미한 관계가 없기 때문에 성에 대 한 주제는 성 자체를 다루는 것이 아니라 자아 존중감, 적극적 대처, 갈등의 대처와 관련하여 다룬다.

다섯째, 자아 존중감과 적극적 대처의 수준을 높이기 위하여 긍정 심리학의 결과를 포함한다.

02 연구 설계 및 절차

본 연구에서 사용한 연구 설계는 사전·사후 설계(Pretest-Post Control Group Design)를 채택하였다.

〈표 16〉 연구 설계

구분	사전		사후
실험집단	O1	X	O2
통제집단	O3		O4

O1 : 실험집단 사전검사 O2 : 실험집단 사후검사 X : 부부교육 프로그램 실시
O3 : 통제집단 사전검사 O4 : 통제집단 사후검사

결혼생활 만족 증진을 위한 부부 의사소통교육 프로그램에 참여한 피험자는 서울시 소재 모 건강가정지원센터의 홈페이지를 통해 신청한 부부들을 대상으로 하였다. 교육 장소는 서울시에 소재한 모 건강가정지원센터에서 총 6회기를 2차에 걸쳐 매회 2시간씩 본 연구자가 개발한 부부 의사소통 교육 프로그램으로 실시하였다.

제목을 '부부 의사소통교육'으로 하고 부부 14명 7커플을 대상으로 하였다. 부부교육 프로그램 신청자 14명 7커플을 실험집단으로 하고 건강가정지원센터에서 다른 프로그램에 참여하는 부부 12명 6커플을 통제집단으로 하였다.

프로그램의 효과성을 높이고자 각 회기를 2시간씩 하는 것을 원칙으로 했으며, 토요일에 실시하였다.

부부 의사소통 교육 프로그램을 시작했을 때 사전검사를 하고 프로그램이 끝난 후에 사후검사를 실시하였다.

기존 부부교육 프로그램 및 부부상담 사례, 가족치료이론 문헌 연구

⇓

전문가 자문회의 및 프로그램 구상

⇓

건강가족지원센터 내 상담실 프로그램 비치와 협조 안내문 발송

⇓

연구자와 건강가족지원센터 내 상담실 담당자와 협의회의

⇓

부부교육 프로그램 공고를 통한 부부교육 프로그램 참가자 모집

⇓

부부교육 프로그램 실시(실험집단 사전검사 실시)

⇓

부부교육 프로그램 실시(실험집단 사후검사 실시)

[그림 1] 연구의 진행절차

03 교육프로그램 내용

결혼생활 만족증진을 위한 부부 의사소통 교육 프로그램은 6회기로 다음과 같이 구성하여 매회 2시간씩 진행하였다.

〈표 17〉 결혼생활 만족 증진을 위한 부부 의사소통 교육 프로그램

제1회 결혼에 대한 기대에 대한 의사소통			
1. 진행자와 참가자들 간의 친밀감 형성과 상호수용적인 분위기를 조성한다. 2. 프로그램의 목적과 구성내용, 진행절차 등을 이해한다. 3. 파트너에 대해 현실적인 기대를 가진다.			
구분	내용	시간	준비물 및 비고
소개	1. 프로그램 교육내용 안내 및 방향제시, 서약서를 통한 집단규칙 정하기 2. 진행자와 참가자가 자신을 소개한다. 3. 별칭을 지은 다음, 별칭 알리기 활동을 통해 서로에 대한 관심을 높인다.	30	서약서, 이름표, 매직
촉진 활동	**1. 성격유형검사실시(MBTI)** • 성격유형 검사를 통해 부부가 각자 자신이 배우자의 성격에 대해 알고 있는 것이 어느 정도인지를 깨닫고 배우자에 대해 더 많이 알게 되는 계기를 갖는다. • 서로 알게 된 내용을 일상생활에 일반화하여 최근 배우자의 실제 생활에 대해 좀 더 알고 이해함으로 부부간의 긍정적 감정을 강화시킨다. **2. 이야기 나누기** • 부부가 서로 성격유형 검사를 통해 느낀 점, 배우자의 성격에 대해 새롭게 알게 된 점은 무엇인지에 대해 이야기를 나눈다. 그리고 앞으로 서로 배우자에 대해 더 잘 알아야 할 것은 무엇인지, 더 자세히 알 수 있는 방법은 무엇인지에 대해 협의한다. **3. 발표하기** : 자원하는 사람들이 부부가 나눈 이야기들을 집단에서 발표한다.	60	MBTI 검사지
파트너 활동	파트너에 대한 기대 활동지를 작성하게 하고, 파트너끼리 바꿔서 완성하게 한다. 질문에 대해 서로의 의견을 나눈다.	15	활동지
마무리	1. 결혼에 대한 신화를 설명한다. 2. 결혼에 대한 기대를 전체적으로 토론하고 잘못된 기대의 위험성에 대하여 설명한다. 3. 회기평가	15	평가지

제2회기 자기이해와 배우자 차이에 대한 의사소통			
1. 자기이해와 자아 존중감은 만족스러운 결혼생활의 발달에 중요한 요인이라는 것을 깨닫게 한다. 2. 나에 대한 원가족의 영향을 밝힌다. 3. 성별 차이에 따른 남녀의 특성에 대해 이해한다.			
구분	내용	시간	준비물 및 비고
소개	1. 참가자는 자아 존중감 측정 검사지를 작성한 뒤 스스로 자신의 점수를 매긴다. 2. 진행자는 결혼생활 만족을 위해서는 견고한 자존감의 유지가 필요함을 언급한다.	10	검사지
촉진 활동	**1. 나에 대해 알기** • 자아 존중감에 대한 설명을 듣는다. • 활동지를 작성해서 파트너와 나누어 보고, 서로의 차이점과 생각에 대해 토론한다. **1. 부부이야기(3분 예정 뉴스 만들기)** • 부부가 먼저 조용히 눈을 감고 결혼을 하고자 하는 시기에 지녔던 서로간의 사랑을 잠시 회상해 본다. • 회상이 끝나면 부부가 함께 뉴스의 앵커가 되어 3분간 방송할 원고를 만든다. 원고의 내용은 두 사람의 만남에서 결혼까지 일어났던 이런저런 이야기들을 소개하는 것이다. 두 사람의 결혼에 얽힌 이야기들을 3분 동안에 생생하게 소개할 수 있도록 원고를 작성한다. • 부부는 뉴스 앵커가 되어 3분간 두 사람의 러브 스토리를 다른 구성원들에게 발표한다. **2. 발표하기** 부부가 함께 두 사람의 만남에서 결혼까지의 이야기들을 엮으면서 새롭게 발견한 긍정적인 감정들은 무엇인지 집단에서 발표한다.	60	활동지
파트너 활동	자신과 배우자의 닮은 점과 다른 점을 있는 그대로 인정하고 긍정적으로 재조명한다.	30	활동지
마무리	1. 배우자에게 편지 쓰기 2. 회기 평가	20	활동지 평가지

제3회기 친밀감에 대한 의사소통			
1. 역할의 자각이 관계에 미치는 영향을 안다. 2. 미래의 관계에서 발생할 수 있는 역할분담 갈등에 대처할 수 있는 자원을 제공한다. 3. 가족조각을 만들어 보며 역할분담과 가족관계를 탐색한다.			
구분	**내용**	**시간**	**준비물 및 비고**
소개	1. 역할기대에 대한 설문지를 작성한다. 2. 커플끼리 서로의 다른 기대에 대해 논의한다.	10	활동지
촉진 활동	1. "당신은 친밀감이란 단어를 들을 때, 무엇이 생각나는가?"란 질문에 대해 참가자들에게 얘기하도록 하고, 칠판에 적는다. 2. 친밀감이란 무엇인가에 대해 강의한다. 3. 커플이 결혼생활에서 가장 필요로 하는 것을 확인하기 위해 질문지를 작성한다. 4. 커플끼리 주어진 질문에 따라 논의하고, 그 결과를 전체 앞에서 발표한다. 5. '처음에 나의 마음을 끌었던 당신의 자질' 활동지를 작성하고, 파트너 의 장점 세 가지를 적어 전체에서 함께 발표한다.	30	활동지
토론	**1. 이야기 할 주제 선정하기** ● 부부가 서로 배우자에게 이야기하고자 하는 주제를 선정한다. **2. 자기를 표현하여 말해보기** ● 부부는 이야기하는 사람과 듣는 사람을 정하고 배우자에게 자신이하고자 하는 주제를 가지고 이야기를 한다. ● 역할 바꾸기 : 시간(5~10분)이 지나면 역할을 바꾸어 듣던 사람은 말하고, 말하던 사람은 상대방의 이야기를 경청한다. **3. 느낌 나누기** ● 부부가 모두 말하기를 마치면 말할 때의 느낌과 들을 때의 느낌에 대해 서로 이야기를 나누고 피드백을 준다.	20	활동지
파트너 활동	**1. 가족조각 만들기** ● 가족조각을 만들며 자신과 배우자의 의사소통(말하기와 듣기) 유형을 살펴보고 새롭게 발견한 점과 느낀 점, 앞으로 변화해야 할 점에 대해 집단에서 발표한다. **2. 배우자와 대화할 때 변화시켜야 할 점을 탐색한다.** ● 말하기와 듣기 안내를 참고로 하여 배우자와의 대화를 통해 자신이 변화하고 강화해야 한다고 생각되는 점을 탐색한다. **3. 대화나누기** ● 가족조각 만들기 및 탐색 활동을 통해 배우자의 의사소통에 대해 새롭게 알게 된 부분을 서로 나눈다. **4. 서로에게 알려주기** ● 새롭게 알게 된 배우자의 의사소통에서 장단점을 서로에게 알려 주고, 상대편에게 바라는 의사소통에 대해 기록하도록 한다.	50	활동지
마무리	1. 관계를 지속시키는 힘은 사랑과 친밀감이라는 것을 인식시키고 시간이 흐르면서 관계의 역할도 바뀔 수 있다는 것을 언급하면서 마무리짓는다. 2. 회기 평가	10	평가지

제4회기 의사소통 기법 훈련			
1. 부부 관계에 대한 의사소통의 중요성을 이해한다. 2. 의사소통의 유형을 진단한다. 3. 관계향상을 위한 효과적인 의사소통 기법을 배우고 실습한다.			
구분	내용	시간	준비물 및 비고
소개	스트레스를 받을 때 나타나는 다섯 가지 의사소통 유형(비난형, 초이성형, 산만형, 회유형, 일치형)에 대한 각 커플 진단을 실시하고, 그에 대한 설명을 한다.	10	검사지
촉진 활동	**1. 제시된 주제에 대하여 각 커플이 다섯 개의 의사소통 유형으로 대화해 보도록 한다.** • 부부가 자기감정을 다독이기 위해 사용해온 긍정적인 대화 방법 찾기 • 자기감정 다독이는 방법 협의하기 • 부부가 각자 대화 도중이나 화를 폭발하거나 흥분된 감정이 진정이 되지 않을 때 스스로 감정을 다독일 수 있는 새로운 방법을 탐색하고, 서로 탐색한 방법을 교환하여 살펴보고 실천 가능한 것들을 협의한다. **2. 효과적인 의사소통 기법을 훈련한다.** • 말하기 기술 : I-Message – I-Message 기법 활동을 위해, 각 상황에 따른 반응을 기록하게 하고 파트너끼리 나눈다. • 경청의 기술 : 공감적 경청 – 파트너끼리 등 대고 말하기 실습을 해본다. – 공감적 경청을 파트너끼리 연습하고, 느낌을 발표한다. • 화자-청자 기술 – 그동안 해결하기를 원했으나 잘되지 않았던 주제에 대하여 화자-청자 기술을 사용하여 커플 단위로 실습한다. 이때까지의 시도와 어떻게 다른지를 발표한다. • 단계적 확대, 무효화, 철회 및 회피, 부정적 해석하지 않기에 대한 설명과 진행자의 시범을 보고 배운다.	60	
토의	느낌을 받아들이는 여섯 가지 방법에 관해 실습을 하고 전체적으로 토론한다.	10	활동지
파트너 활동	1. 파괴적 의사소통 유형에 관한 자기보고 도구를 이용하여, 자신들의 패턴을 진단하게 한다. 2. 관계에 파괴적인 네 가지 의사소통 유형(비난, 경멸, 방어, 담쌓기)과 이를 극복할 수 있는 방안을 제시한다. 3. 제시된 방안에 대해 부부의 의견이 일치되는가를 점검한다.	30	활동지
마무리	1. 과제 : 커플은 매주 중요한 이슈와 문제들을 다루는 정기적인 시간을 정해 놓도록 제안 받는다. 2. 회기 평가	10	평가지

제5회기 성에 대한 의사소통			
1. 자신의 성에 대한 가치관, 태도 등을 탐색한다. 2. 배우자의 성에 대한 가치관, 태도 등을 탐색한다. 3. 부부 콜라주 만들기를 위한 자료준비			
구분	내용	시간	준비물 및 비고
소개	1. 부부의 성과 관련된 시청각물(비디오테이프)을 감상한다. 2. 부부성장에 미치는 성생활의 의미, 성 기관의 기능, 반응 주기, 참가소감을 나눈다.	30분	
촉진 활동	남편과 함께 자신과 남편의 성감대를 찾아보고 표시해 온다. • 평등한 성의식을 함양한다. • 성에 대한 편견을 깨닫고 바로 인식한다. • 성적 가치 결정을 표현하게 한다. • 성을 자연스럽게 향유한다.	20	활동지
파트너 활동	**1. 배우자와 함께 이야기하기** • 지금까지 함께 해 왔던 성적 표현이나 기법·태도 등에서 배우자를 지지해 주고 싶은 점들을 구체적으로 표현한다. • 배우자에게 기대하는 성적 표현이나 기법, 태도 등에 관해 구체적으로 이야기 한다. **2. 배우자와 협의하기** • 부부가 함께 앞으로 자신들의 성관계를 위해 어떤 점들을 더 강화해야 할지에 대해 이야기하고 협의한다. **3. 부부 콜라주 만들기 준비** • 부부 콜라주 만들기 주제를 정한다. • 마지막 회기에 부부 콜라주 만들기를 위한 자료를 준비한다.	50	
마무리	1. 부부가 합의하여 자신들의 친밀하고 만족스러운 결혼생활을 위하여 함께 노력해야 할 일들을 구체적으로 정하여 사랑 만들기 계획서에 적는다. 2. 회기 평기.	20	평가지

제6회기 소망에 대한 의사소통			
1. 변화된 자신의 모습에 자부심을 갖는다. 2. 남편의 멋진 모습 찾아 갈채를 보낸다. 3. 새로운 부부(꿈지기)임을 다짐한다. 4. 부부 콜라주를 만들며 서로의 소망을 확인한다.			
구분	내용	시간	준비물 및 비고
소개	지금까지 경험한 프로그램을 점검한다.	10	
촉진 활동	멋지게 변화된 자신의 모습과 새롭게 발견된 남편의 멋진 모습을 찾아 기록한다. • 꿈지기(꿈을 쫓다 지쳤을 때라도 서로에게 기쁨이 됩시다) 부부로 다시 태어나기로 다짐한다. • 꿈지기 부부헌장 선포하고 서명한다.	20	활동지
토론	1. **배우자와 이야기 나누기** : 배우자와 함께 배우자 가족에게 좋았던 점, 감사했던 점, 배우자 가족과 보다 좋은 관계를 만들기 위해 발전시켜 나가야 할 점, 자신이 배우자의 원 가족에게 기대하는 점, 자신이 생각하는 배우자 원 가족들이 자신에게 가지는 기대와 그에 대한 배우자의 생각 등에 대해 이야기를 나눈다. 2. **협의하기** : 부부가 자신의 생각과 배우자의 생각이 일치하지 않은 경우 이에 대해 서로 의견을 나누고, 어떻게 조율해 갈 수 있을지 협의한다.	20	
파트너 활동	1. **부부 콜라주(collage)만들기** • 부부가 함께 자신들이 만들어 가고자 하는 행복한 결혼생활과 부부관계에 대해 어떠한 소망이 있는지를 설계하는 마음으로 콜라주를 부부가 함께 작업하여 만든다. • 콜라주를 작업하는 과정에서 부부는 자신들이 기대하는 미래의 부부상(像) 및 결혼생활 설계에 대한 이야기를 나눈다. 2. **이야기 나누기** : 부부가 콜라주 만들기를 통해 무의식적으로 드러난 자신의 소망과 보고 느낀 점, 생각한 점 등에 대해 이야기한다. 3. **완성된 콜라주 소개하기** : 콜라주를 완성한 후에는 구성원들이 함께 다른 부부들이 완성한 콜라주를 관람하며, 구성원들에게 자신들이 완성한 콜라주를 소개한다.	60	활동지
과제	꿈지기 부부 헌장에 기록한 부부의 합의사항을 일평생 서로 협력하여 실천하기	10	활동지 평가지

04 연구 결과

1) 집단 간 사전 동질성 검증

집단 간 사전 동질성 검증을 위해 실험집단과 통제집단에 프로그램 적용 전 측정한 자아 존중감, 성 만족도, 스트레스 대처방식, 갈등 대처방식, 의사소통 만족도, 결혼 만족도에 대한 독립표본 t-test를 실시, 집단별 프로그램 효과를 알아보기 위하여 대응표본 t-test를 실시, 프로그램의 효과를 보기 위해 집단 간 사후 점수 t-test를 실시하였다.

다음 〈표 18〉은 집단 간 사전 동질성 검증을 위해 실험집단과 통제집단에 프로그램 적용 전 측정한 자아 존중감, 성 만족도, 스트레스 대처방식, 갈등 대처방식, 의사소통 만족도, 결혼 만족도에 대해 독립표본 t-test를 실시한 결과이다. 분석결과 먼저 자기 존중감에 있어서는 실험집단(M=2.68)의 경우 통제집단(M=2.54)에 비해 다소 높게 나타났으나 통계적으로 유의미한 차이는 없었고($p>.05$), 성 만족도에 있어서도 실험집단(M=2.74)의 경우 통제집단(M=2.54)에 비해 다소 높게 나타났으나 통계적으로 유의미한 차이는 없었다($p>.05$).

스트레스 대처에 있어서는 적극적 대처는 실험집단(M=3.06)의 경우 통제집단(M=3.03)에 비해 다소 높게 나타났고, 소극적 대처는 실험집단(M=2.99)의 경우 통제집단(M=2.84)에 비해 다소 높게 나타났으나 통계적으로 유의미한 차이는 없었고($p>.05$), 갈등 대처에 있어서도 실험집단(M=2.64)의 경우 통제집단(M=2.61)에 비해 다소 높게 나타났으나 통계적으로 유의미한 차이는 없었다(p〉.05).

의사소통 만족도에 있어서는 실험집단(M=2.59)의 경우 통제집단(M=2.51)에 비해 다소 높게 나타났으나 통계적으로 유의미한 차이는 없었고(p〉.05), 결혼생활 만족도에 있어서도 통제집단(M=2.70)의 경우 실험집단(M=2.54)에 비해 다소 높게 나타났으나 통계적으로 유의미한 차이는 없었다(p〉.05).

따라서 전반적으로 실험집단과 통제집단은 자아 존중감, 성 만족도, 스트레스 대처, 갈등 대처, 의사소통 만족도, 결혼 만족도에 있어 동질한 집단으로 볼 수 있다.

〈표 18〉 집단 간 사전 동질성 검증

요인	실험집단		통제집단		t	p
	M	SD	M	SD		
자아 존중감	2.68	.629	2.54	.982	.430	.671
성 만족도	2.74	.884	2.54	.882	.565	.577
적극적 대처	3.06	.830	3.03	.647	.097	.923
소극적 대처	2.99	.777	2.84	.824	.472	.641
갈등 대처	2.64	.587	2.61	.877	.104	.918
의사소통 만족도	2.59	.702	2.51	.929	.247	.807
결혼 만족도	2.54	.674	2.70	.805	−.542	.593

2) 프로그램 효과 분석

집단별 프로그램 효과성을 알아보기 위하여 대응표본 t-test를 실시한 결과는 다음 〈표 19〉와 같다. 먼저 자기 존중감에 있어서는 통제집단의 경우 사전검사의 평균(M=2.54)에서 사후 검사의 평균(M=2.69)으로 다소 증가하였으나 통계적으로 유의미한 차이는 나타나지 않았다(t=−.942, p〉.05). 반면 실험집단의 경우 사전검사의 평균(M=2.68)에서 사후검사의 평균(M=4.27)으로 증가하여 통계적으로 유의미한 차이가 나타났다(t=−8.600, p〈.01).

성 만족도에 있어서는 통제집단의 경우 사전검사의 평균(M=2.54)에서 사후 검사의 평균(M=2.81)으로 다소 증가하였으나 통계적으로 유의미한 차이는 나타나지 않았다(t=−1.208, p〉.05). 반면 실험집단의 경우 사전검사의 평균(M=2.74)에서 사후검사의 평균(M=4.27)으로 증가하여 통계적으로 유의미한 차이가 나타났다(t=−10.206, p〈.01).

스트레스 대처의 적극적 대처에 있어서는 통제집단의 경우 사전검사의 평균(M=3.03)에서 사후 검사의 평균(M=3.17)으로 다소 증가하였으나 통계적으로 유의미한 차이는 나타나지 않았다(t=−.531, p〉.05). 반면 실험집단의 경우 사전검사의 평균(M=3.06)에서 사후검사의 평균(M=4.41)으로 증가하여 통계적으로 유의미한 차이가 나타났다(t=−6.745, p〈.01).

스트레스 대처의 소극적 대처에 있어서는 통제집단의 경우 사전검사의 평균(M=2.84)에서 사후 검사의 평균(M=2.81)으로 다소 감소하였으나 통계적으로 유의미한 차이는 나타나지 않았다(t=.116, p〉.05). 반면 실험집단의 경우 사전검사의 평균(M=2.99)에서 사후검사의 평균(M=4.21)으로 증가하여 통계적으로 유의미한 차이가 나타났다(t=−6.626, p<.01).

갈등 대처에 있어서는 통제집단의 경우 사전검사의 평균(M=2.61)에서 사후 검사의 평균(M=2.88)으로 다소 증가하였으나 통계적으로 유의미한 차이는 나타나지 않았다(t=−1.662, p>.05). 반면 실험집단의 경우 사전검사의 평균(M=2.64)에서 사후검사의 평균(M=3.94)으로 증가하여 통계적으로 유의미한 차이가 나타났다(t=−6.595, p<.01).

의사소통 만족도에 있어서는 통제집단의 경우 사전검사의 평균(M=2.51)에서 사후 검사의 평균(M=2.59)으로 다소 증가하였으나 통계적으로 유의미한 차이는 나타나지 않았다(t=−.598, p>.05). 반면 실험집단의 경우 사전검사의 평균(M=2.59)에서 사후검사의 평균(M=3.85)으로 증가하여 통계적으로 유의미한 차이가 나타났다(t=−5.882, p<.01).

결혼생활 만족도에 있어서는 통제집단의 경우 사전검사의 평균(M=2.70)에서 사후 검사의 평균(M=2.74)으로 다소 증가하였으나 통계적으로 유의미한 차이는 나타나지 않았다(t=−.168, p>.05). 반면 실험집단의 경우 사전검사의 평균(M=2.54)에서 사후검사의 평균(M=3.74)으로 증가하여 통계적으로 유의미한 차이가 나타났다(t=−6.481, p<.01).

즉, 전반적으로 본 연구에서 실시한 의사소통 교육 프로그램은 자아 존중감, 성 만족도, 스트레스 대처방식, 갈등 대처방식, 의사소통 만족도, 결혼 만족도 향상에 효과가 있는 것으로 볼 수 있다.

〈표 19〉 프로그램 효과 분석

요인	집단	사전		사후		t	p
		M	SD	M	SD		
자아 존중감	실험집단	2.68	.629	4.27	.561	−8.600**	.000
	통제집단	2.54	.982	2.69	.879	−.942	.366
성 만족도	실험집단	2.74	.884	4.27	.718	−10.206**	.000
	통제집단	2.54	.882	2.81	.651	−1.208	.253
적극적 대처	실험집단	3.06	.830	4.41	.319	−6.745**	.000
	통제집단	3.03	.647	3.17	.661	−.531	.606
소극적 대처	실험집단	2.99	.777	4.21	.378	−6.626	.000
	통제집단	2.84	.824	2.81	.505	.116	.909
갈등 대처 방식	실험집단	2.64	.587	3.94	.470	−6.595**	.000
	통제집단	2.61	.877	2.88	.681	−1.662	.125
의사소통 만족도	실험집단	2.59	.702	3.85	.549	−5.882**	.000
	통제집단	2.51	.929	2.59	.927	−.598	.562
결혼 만족도	실험집단	2.54	.674	3.74	.348	−6.481**	.000
	통제집단	2.70	.805	2.74	.809	−.168	.870

**p<.01

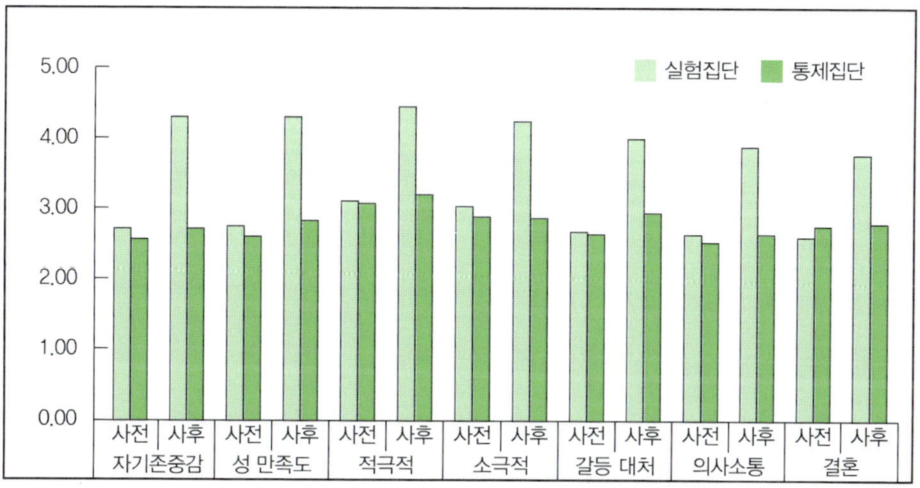

[그림 2] 프로그램 효과 분석

3) 집단 간 사후 점수 비교

다음 〈표 20〉은 의사소통 교육 프로그램이 자아 존중감, 성 만족도, 스트레스 대처, 갈등 대처, 의사소통 만족도, 결혼 만족도에 어떠한 영향을 미치는가를 규명하기 위하여 사후검사 결과를 분석한 결과이다. 분석결과 집단 간 자아 존중감, 성 만족도, 적극적·소극적 대처, 갈등 대처, 의사소통 만족도, 결혼 만족도에 있어 통계적으로 유의미한 차이가 나타났으며($p<.01$), 실험집단의 경우 통제집단에 비해 상대적으로 자아 존중감, 성 만족도, 스트레스 대처, 갈등 대처, 의사소통 만족도, 결혼 만족도가 높은 것으로 나타났다.

〈표 20〉 집단 간 사후 점수 비교

요인	실험집단		통제집단		t	p
	M	SD	M	SD		
자아 존중감	4.27	.561	2.69	.879	5.545**	.000
성 만족도	4.27	.718	2.81	.651	5.425**	.000
적극적 대처	4.41	.319	3.17	.661	6.218**	.000
소극적 대처	4.21	.378	2.81	.505	8.083**	.000
갈등 대처	3.94	.470	2.88	.681	4.684**	.000
의사소통 만족도	3.85	.549	2.59	.927	4.285**	.000
결혼 만족도	3.74	.348	2.74	.809	4.231**	.000

**$p<.01$

CHAPTER 06

논의 및 제언

01 논 의

1) 부부의 결혼생활 만족도

부부의 결혼 만족도에 대한 연구결과를 세 가지 주제로 논의한다.

첫째, 부부의 남성과 여성에서 자아 존중감, 성 만족도, 스트레스 대처방식, 갈등 대처방식, 의사소통 만족도, 그리고 결혼생활 만족도의 성차가 확인되지 않았다. 결혼생활 6년 이상의 부부는 소극적 대처와 의사소통 만족도에 성자가 있었다. 남성보다 여성이 소극적 대처를 더 많이 사용하고 여성의 의사소통 만족도도 더 높았다.

둘째, 신혼기의 남성과 여성은 결혼 6년 이상의 부부와 달리 자아 존중감과 갈등 대처의 정적 상관관계가 확인되었다. 그리고 부부의 남성과 여성은 다르게, 결혼생활 6년 이상의 남성과 여성은 소극적 대처와 성 만족도가 의사소통 만족도와 의미 있는 정적 상관관계가 있었다.

부부의 남성과 여성은 자아 존중감이 높으면 부부 사이의 갈등을 효율적이고 기능적으로 대처하는 경향이 높았다.

셋째, 결혼생활 5년 이하 부부의 결혼 만족도에 영향을 끼치는 변인은 의사소통 만족도가 가장 우선이었고, 결혼생활 6년 이상 부부의 결혼생활 만족도에 영향을 끼치는 정적 상관관계로 확인된 변인들은 성만족도, 적극적 대처, 그리고 의사소통 만족도였다. 그러므로 결혼생활 만족도를 높이기 위해서는 부부 의사소통 교육프로그램을 개발할 필요가 있다.

2) 부부 의사소통 교육 프로그램

부부의 결혼생활 만족도 조사 결과는 전체적으로 긍정적인 결과를 나타냈는데, 이는 특히 주제와 내용이 나와 배우자와의 결혼생활 및 가족적응에 도움이 되었으며, 지속적인 참여 희망과 다른 사람들에게도 본 교육 프로그램 참여를 권하고 싶고, 프로그램 진행환경에서도 높은 만족스러움 및 프로그램 진행과정 전반에 대한 만족도가 평균 4.2점으로 높게 나타나 프로그램의 유용성을 입증시켜 주었다.

이상과 같이 프로그램의 효과가 6회기 과정에서 전반적으로 높게 나타난 것은 이러한 프로그램의 운영과 참여가 쉽지 않았음을 입증시켜 준 것이다. 특히 1회기에 성격유형 검사를 통하여 부부가 서로의 성격에 대해 이해하지 못했던 점 들을 알게 됨으로써 부부간의 심리적 거리를 좁힐 수 있는 기회가 되었다. 그리고 앞으로 배우자에 대해 더 잘 알아야 할 것은 무엇인지, 더 자세히 알 수 있는 방법은 무엇인지를 협의하여 이야기를 나눔으로써 부부의 정서적 상호작용이 증대되었음을 알 수 있다. 그리고 2회기에서 나에 대해 알기와 서로의 차이점에 대해 생각하고 토론을 하면서 보다 적극적이고 건설적인 방향으로 나아갈 수 있도록 하는 효과가 컸으며, 이는 결혼생활에서도 중요하게 작용될 수 있음을 시사한 것으로 볼 수 있다.

즉, 전반적으로 본 연구에서 실시한 의사소통 교육 프로그램은 자아 존중감, 성 만족도, 스트레스 대처방식, 갈등 대처방식, 의사소통 만족도, 결혼 만족도 향상에 효과가 있는 것으로 볼 수 있다. 이는 프로그램 원칙에서 세운 의사소통 만족도가 결혼 만족도에 가장 중요하다는 것을 입증하였으며, 의사소통의 만족도가 높아짐으로 인해 자아 존중감, 적극적 대처, 갈등의 대처의 수준이 함께 높아졌다.

프로그램의 종료에서 실험집단이 희망하는 교육내용을 보면 의사소통의 주제가 계속 나타났다. 그만큼 부부의 의사소통 교육의 필요성과 개발된 의사소통 교육프로그램의 효과를 증명하고 있다.

02 제 언

연구결과와 논의점을 바탕으로 본 연구의 한계와 향후 연구를 위해 다음과 같이 제언한다.

본 연구는 프로그램의 초점이 효과적인 의사소통 기술 습득을 통한 결혼생활 만족 증진에 있으므로 프로그램의 통계분석을 의사소통 능력 향상부분에 중점을 두고 측정하였다. 의사소통 만족도가 결혼생활만족도와 관련성이 높은 변인이기는 하나 결혼생활만족도와 관련된 변인은 무수히 많으므로 더 다양한 변인들의 연구가 필요하다.

연구결과의 일반화를 위해서는 다양한 집단을 대상으로 한 프로그램 실시와 효과검증이 필요하다. 대부부의 연구들은 프로그램이 끝난 후에 행동의 변화나 장기간에 걸친 효과를 파악하는 것이 쉽지 않다는 한계를 가진다. 그러나 본 연구는 교육 이후 참가자들의 거주지가 가깝다는 점을 활용하여 정기적인 후속모임으로 연결될 수 있을 것이다. 따라서 이러한 자조모임을 통해 참가자들은 가족 상호간의 지지와 프로그램에서 배운 기술을 강화시켜 나가는데 도움을 얻을 수 있으므로 장기적인 관리와 지속적인 평가를 통한 효과측정이 요구된다.

본 연구는 결혼생활 5년 이하 대상자와 결혼생활 6년 이상 대상자를 비교하였는데 프로그램에 참여한 대상자들이 결혼생활 6년 이상의 결혼기간에도 높은 결혼생활 만족도를 나타내는지에 대한 후속 연구가 계속 이어지기를 제언한다.

부록

01 설문지

결혼생활 만족 증진을 위한 부부 의사소통교육 프로그램 실시에 대한 설문 조사

이 설문 조사는 결혼생활 만족 증진을 위한 프로그램을 개발하기 위해 사용할 기초자료를 수집하기 위한 것입니다. 연구자는 한영신학대학교 기독교상담학과에 재직 중에 있으며, 본 자료는 연구 이외의 다른 목적으로 사용하지 않을 것을 약속드립니다.

본 설문에는 정답이 있는 것이 아닙니다. 평소 여러분의 생각, 느낌, 그리고 행동을 솔직하고 편안하게 표시해 주십시오.

적극 참여해 주셔서 감사합니다.

2012. 1.

연구자 : 유 옥

연락처 : 010-2555-2200

E-mail : yuok5@hanmail.net

I. 문제를 잘 읽으시고 귀하의 생각과 가까운 곳에 표시(∨)하여 주세요.

〈결혼생활만족도〉

문항	매우 부정	다소 부정	보통	다소 긍정	매우 긍정
1. 나는 배우자의 감정과 태도를 이해하기 어렵다.					
2. 나는 배우자가 내 의견에 동의하지 않는다고 생각되면 더 이상 이야기를 하지 않는다.					
3. 나는 배우자와 깊이 있는 대화를 편하게 나눌 수 있다.					
4. 나는 배우자와 일상적인 대화를 발달시키는 게 두렵다.					
5. 나는 배우자에 대한 그때그때의 내 느낌과 생각을 편하게 이야기한다.					
6. 나는 화가 날 때 배우자에게 무례하게 대하는 편이다.					
7. 나는 배우자의 감정을 이해한다.					
8. 나는 배우자의 결점에 대해 자주 말하는 편이다.					
9. 나는 배우자가 겉으로 어떤 말을 하지만 속으로는 다른 생각을 품고 있다고 느낄 때가 있다.					
10. 나는 배우자에게 나의 솔직한 감정을 쉽게 이야기한다.					
11. 나는 잘못된 일이 있으면 배우자에게 내 잘못을 인정한다.					
12. 나는 상대방이 배우자로서의 역할을 하는 데 협력하고 격려해 주며 정서적인 지지를 보내 준다.					
13. 나는 문제가 생기면 배우자와 의논하기보다는 주로 나 혼자 해결하려고 한다.					
14. 나는 배우자와 의견충돌이 생겼을 때는 배우자가 할 말을 하도록 내버려 둔다.					

문항	매우 부정	다소 부정	보통	다소 긍정	매우 긍정
15. 나는 배우자에게 의견이 달라도 서로의 기분을 상하지 않게 할 수 있다.					
16. 나는 배우자에게 내가 원하는 것을 주저하지 않고 이야기한다.					
17. 나는 나의 일과 관심사에 대해 배우자와 토론한다.					
18. 나는 말하기 위해 배우자의 말을 중도에 끊는다.					
19. 나는 배우자에게 나 자신이 화가 나 있음을 알려준다.					
20. 나는 심한 말다툼을 한 후에 배우자와 대화를 나누기 쑥스럽다.					

〈부부 스트레스 대처방식〉

문항	매우 부정	다소 부정	보통	다소 긍정	매우 긍정
1. 자신을 반성하거나 교훈을 얻는다.					
2. 그 일에 대해 좀 더 알아보려고 누군가와 이야기한다.					
3. 시간이 지나면 달라질 것이라고 생각한다. 할 수 있는 일은 단지 기다리는 것뿐이다.					
4. 활동계획을 세우고 그것에 따른다.					
5. 사과를 하거나 보상을 하기 위해 어떤 일을 한다.					
6. 문제를 일으킨 사람이나 물건에 대해 화를 낸다.					
7. 기적이 일어나기를 바란다.					
8. 그 일에서 무엇인가 창조적인 일을 할 수 있는 단서를 얻는다.					
9. 상대방의 마음을 바꾸어 보도록 시도해 본다.					
10. 그 문제를 더 잘 이해하기 위하여 그것을 자세히 분석해 본다.					
11. 그 일을 잊기 위해서 다른 일을 하거나 다른 활동을 한다.					
12. 다음에는 어떻게 해야 할 것인지에 대하여 전념한다.					
13. 운으로 돌린다 : 때로는 운이 나쁠 때도 있으니까					
14. 전문적인 도움을 청한다.					
15. 모든 것을 잊어버리려고 노력한다.					
16. 그 일(또는 상황)에서 무엇인가 바람직한 것을 얻어 내려고 협상하거나 타협한다.					
17. 잘 안 되리라고 생각하지만 적어도 무엇인가 해보기로 한다.					
18. 아무 일도 안 일어난 것처럼 군다.					
19. 내 감정을 아무에게도 알리지 않으려고 노력한다.					
20. 보통 때보다 더 오래 잔다.					

〈자아 존중감〉

문항	매우 부정	다소 부정	보통	다소 긍정	매우 긍정
1. 나는 내가 다른 사람들처럼 가치 있는 사람이라고 생각한다.					
2. 나는 좋은 성품을 가졌다고 생각한다.					
3. 나는 대체적으로 실패한 사람이라는 느낌이 든다.					
4. 나는 대부분의 다른 사람들과 같이 일을 잘 할 수가 있다.					
5. 나는 자랑할 것이 별로 없다.					
6. 나는 내 자신에 대하여 긍정적인 태도를 가지고 있다.					
7. 나는 내 자신에 대하여 대체로 만족한다.					
8. 나는 내 자신을 좀 더 존경할 수 있으면 좋겠다.					
9. 나는 가끔 내 자신이 쓸모없는 사람이라는 느낌이 든다.					
10. 나는 때때로 내가 좋지 않은 사람이라고 생각한다.					

〈부부 성만족도〉

문항	매우 부정	다소 부정	보통	다소 긍정	매우 긍정
1. 성관계는 배우자와 나에게 재미있는 일이다.					
2. 나는 배우자가 나에 대해 성생활이나 기타 다른 부분에 대해서도 만족한다고 생각한다.					
3. 우리 부부는 성관계에 충분한 시간을 할애한다.					
4. 나의 성생활 수준은 높은 편이라고 느낀다.					
5. 나는 배우자가 좋아하거나 사용하는 성기법을 즐긴다.					
6. 배우자는 성행위에 지나치게 집착하지 않는다.					
7. 나는 성생활이 우리 부부관계를 유지시키는 그 무엇이라고 느낀다.					
8. 내 배우자는 성관계에서 거칠거나 난폭하게 하지 않는다.					
9. 나는 성이 부부관계의 정상적 기능이라고 생각한다.					
10. 나는 배우자 이외 다른 누군가와 성행위에 대한 욕구를 느껴 본 적이 없다.					

〈부부 의사소통〉

문항	전혀 그렇지 않다	대체로 그렇지 않다	보통이다	대체로 그렇다	매우 그렇다
1. 배우자와 마주 앉아서 이런 저런 이야기를 한다.					
2. 배우자에게 당신의 진실한 느낌을 표현하는 것이 어렵다고 생각한다.					
3. 배우자와 나누는 대화가 편안하고 유쾌하다.					
4. 배우자가 자신의 느낌을 드러내지 않는 경향이 있다.					
5. 배우자는 당신이 말하는 것을 경청한다.					
6. 배우자는 자신의 말을 먼저 하기 위해 당신의 말을 중간에서 끊는다.					
7. 당신은 배우자가 당신을 이해할 수 있도록, 자신이 어떻게 생각하고, 어떻게 느끼며, 믿고 있는지를 말한다.					
8. 배우자의 감정 상태를 이해하기 어렵다.					
9. 배우자는 당신을 칭찬하고 당신에게 잘했다고 말한다.					
10. 당신은 배우자의 결점에 대해 끈덕지게 말하는 편이라고 생각한다.					
11. 당신과 배우자는 서로 개인적인 문제를 의논한다.					
12. 배우자는 대화를 많이 독점한다.					
13. 당신은 배우자에게 자신이 화가 나 있음을 알려준다.					
14. 배우자는 당신이 자기를 이해하지 못한다고 불평한다.					
15. 당신과 배우자 사이에 문제가 야기될 때 당신은 자신의 감정을 자제하면서 그 문제에 관해 의논할 수 있다.					

문항	전혀 그렇지 않다	대체로 그렇지 않다	보통 이다	대체로 그렇다	매우 그렇다
16. 배우자와의 충돌을 피하기 위해 당신은 원래의 방식과는 다른 방식으로 행동한다.					
17. 문제를 의논할 때, 배우자는 당신의 생각이나 견해를 늘 이해해 준다고 생각한다.					
18. 배우자는 자신이 말하는 것을 잘 들어주지 않는다고 당신을 비난한다.					
19. 어떤 문제가 발생했을 때, 당신은 배우자에게 당신이 괴로워하는 것들에 대해 늘 얘기를 할 수 있다.					
20. 때때로 당신과 배우자의 사이의 차이점 중에서 어떤 것은 결코 해결될 수 없을 것으로 보일 때가 있다.					

〈부부 갈등 대처방식〉

Ⅰ. 부부 사이에 어떤 문제가 생겼을 때	전혀 그렇지 않다	대체로 그렇지 않다	보통이다	대체로 그렇다	매우 그렇다
1. 우리는 모두 문제를 들추려고 하지 않는다.					
2. 우리는 문제에 대해 의논하려고 한다.					
3. 나는 문제를 피하려고 하고, 배우자는 문제를 의논하려고 한다.					
4. 배우자는 문제를 회피하려고 하고, 나는 문제를 의논하려고 한다.					
Ⅱ. 문제에 대하여 의논할 때					
5. 우리는 서로 비난하고, 책임을 추궁하고, 화를 낸다.					
6. 우리는 서로 자신의 감정을 표현한다.					
7. 우리는 서로 배우자를 위협한다.					
8. 우리는 서로 가능한 대안과 방법을 제시한다.					
9. 나는 문제에 대하여 의논하고 싶지 않아 말없이 있으려고 하면, 나의 배우자는 잔소리를 하고, 나를 힘들게 한다.					
10. 나의 배우자가 문제에 대하여 의논하고 싶지 않아 말없이 있으려고 하면, 나는 잔소리를 하고, 배우자를 힘들게 한다.					
11. 나는 나를 방어하려고 하고 나의 배우자는 비난한다.					
12. 나의 배우자가 방어하려고 하고 나는 비난한다.					
13. 나의 배우자는 나를 위협하고, 나는 항복한다.					
14. 나는 나의 배우자를 위협하고, 나의 배우자는 항복한다.					

Ⅲ. 문제에 대하여 의논이 끝났을 때

15. 우리는 모두 배우자의 입장에 대해 공감하게 된다.

16. 우리는 의논이 끝나고 서로 멀어진다.

17. 우리는 모두 문제가 잘 해결된 것 같이 느낀다.

18. 의논이 끝나면 우리는 모두 배우자에게 더 잘해 주려고 노력한다.

19. 나는 쌀쌀히 대하는 반면, 나의 배우자는 문제가 잘 해결되어 원상태로 된 것같이, 잘하려고 애를 쓴다.

20. 나의 배우자는 쌀쌀히 대하는 반면, 나는 문제가 잘 해결되어 원상태로 된 것같이, 잘하려고 애를 쓴다.

II. 다음은 일반적 사항에 관한 질문입니다.

1. 당신의 성별은?

① 남　　　　② 여

2. 당신의 나이는? 만 (　　)세

3. 형제관계 및 출생순위는? (　　)

4. 당신의 결혼생활 기간은? 만(　　)년

5. 자녀의 성별과 연령은?

첫째(　,　세)　　　　둘째(　,　세)

6. 당신의 직업은?(남편용)

① 사무직　② 관리직　③ 판매직

④ 생산근로직　⑤ 군인　⑥농수산직

⑦ 주부　⑧ 무직　⑨ 기타(　　)

7. 당신의 직업은?(부인용)

① 사무직 ② 관리직 ③ 판매직

④ 생산근로직 ⑤ 군인 ⑥농수산직

⑦ 주부 ⑧ 무직 ⑨ 기타( )

8. 당신의 교육정도는?

① 초등학교 졸업 ② 중학교 졸업

③ 고등학교 졸업 ④ 대학교 졸업

⑤ 대학원 및 그 이상 졸업

9. 가정의 한 달 평균 수입은?

① 100만 원 이하 ② 100~200만 원 이하

③ 200~300만 원 이하 ④ 300~400만 원 이하

⑤ 400만 원 이상

10. 당신의 종교는?

① 불교 ② 기독교

③ 천주교 ④ 없음

⑤ 기타( )

서 약 서

나 __________는 부부 의사소통 교육에 참가하고, 나 자신은 물론 모두에게 다음과 같이 약속합니다.

1. 앞으로 결혼과 가족생활에 도움이 될 수 있도록 강의 및 활동에 적극적으로 참여하겠습니다.
2. 열린 마음으로 모든 것을 받아들이며, 진행자와 나의 파트너, 다른 커플들의 이야기에 귀 기울일 것을 약속합니다.
3. 나의 입장에서만 생각하고 판단하기 보다는 다른 사람의 입장에서 다시 한 번 생각하고 판단하여 서로에게 상처를 주는 일이 없도록 노력할 것입니다.
4. 사적인 이야기는 자신이 편한 정도로만 노출하며 프로그램 진행과정에서 알게 된 다른 사람의 개인적인 사항들에 대해 비밀을 지키겠습니다.
5. 교육에 끝까지 참가할 것을 약속하겠습니다.

2014.　　.　　.

서명 : ____________________(인)

참고 문헌

고정자(2003). 결혼 준비교육의 필요성 연구. **동아대학교 생활과학연구소 논문집,** 11. pp.215-233.

고희숙(2002). 부부관계강화를 위한 프로그램의 효과성에 관한 연구. 전주대학교 행정대학원 석사학위논문.

공인숙·한미현·김영주(2005). **보육학 개론**. 서울: 교육과학사.

공인숙 외 2인(2005). 청소년의 부모와의 갈등 및 의사소통과 자아개념. **한국생활과학회지, 제14권** 6호. pp.925-936.

권윤아·김득성(2008). 부부간 역기능적 의사소통 행동 척도 개발: Gottman의 네 기수(騎手)개념을 중심으로. **대한가정학회지, 제46권,** 6호, 통권 242호. pp.101-113.

권정혜·임승락(1998). 부부간 의사소통행동과 결혼 만족-성차. 요구입장 차이 및 성격특성의 영향. 한국심리학회, 98연차대회 학술발표 논문집. pp.109-123.

권정혜·채규만(2000). 부부적응프로그램의 개발과 그 효과에 관한 연구. **한국임상심리학회지,** 19(2). pp.207-218.

권창현·심희선(2003). 부모-자녀 성격유형의 일치와 불일치에 따른 애착수준 및 의사소통 유형과의 관계. **한국심리유형학회,** 10. pp.121-150.

권창현(2004). 부모부재 청소년의 성격장애 : 대상관계 및 애착이론을 중심으로. 부산대학교 대학원 박사학위논문.

김경일(1999). **공자가 죽어야 나라가 산다**. 서울: 바다출판사.

김광률(2000). 기독교인 결혼준비 집단상담 프로그램의 개발 및 효과검증. 계명대학교 대학원 박사학위논문.

김규식 외(1999). 인지행동적 부부문제해결 프로그램. 학생지도연구, 경북대학교 학생생활연구소. pp.109-229.

김명신(2003). 집중적 분산적으로 실시한 의사소통훈련 프로그램이 초등학생의 대인관계 향상에 미치는 영향 : Thomas gordon의 효율성 훈련을 중심으로. 한국교원대학교 교육대학원 석사학위논문.

김명자 외(2005). 건강가정지원센터 가정생활 교육 프로그램 운영성과. **한국가족관계학회지,** 10(1). pp.25-49.

김명자(1985). 지지간호가 입원 환자의 스트레스에 미치는 효과에 관한 실험적 연구. 연세대학교 대학원 박사학위논문.

김성회(1999). **인지-행동적 부부관계촉진 훈련 프로그램 집단상담 프로그램**. 한국발달상담학회 출판부.

김수연(1998). 가족사정(家族査定)척도 개발과 타당도 검증 : 순환모델 척도의 재구성. 부산대학교 대학원 박사학위논문.

김숙남(1997). 기혼여성의 성만족. **대한간호학회지,** 28(1). pp.201-209.

김순옥(2007). 원예치료가 쉼터거주 가정폭력피해여성들의 사회적·정서적 기능향상에 미치는 영향. 경남대학교 행정대학원 석사학위논문.

김시업(1999). **결혼과 가정**. 서울: 학지사.

김애순·윤진(2002). **현대사회와 다문화주의 : 다르게, 평등하게 살기**. 마르코 마르티니엘로 저, 윤진 역. 서울: 한울.

김영애(2004). 만성 정신분열병 환자의 사회적 문제해결 능력과 인지적 결손. 계명대학교 대학원 석사학위논문.

김옥임(1998). 한국기독교의 사회복지 실천방안에 관한 연구. 단국대학교 행정대학원 석사학위논문.

김요한(2000). 청소년 교육에 New Age Movement가 미치는 영향. 협성대학교 신학대학원 석사학위논문.

김은신(1992). **서울 아리랑(장편소설)**. 서울: 세종출판사.

김인영(2011). 사티어와 이마고 이론의 통합적 결혼예비 프로그램. 서울신학대학교 대학원 석사학위논문.

김정옥·손정임(2004). 결혼 준비 교육프로그램 내용 구성연구. **가족과 문화,** 16(3). pp. 131-149.

김정희·이장호(1985). 스트레스 대처방식의 구성요인 및 우울과의 관계. **고려대학교 행동과학연구소,** 7(1). pp.127-138.

김종흡(2002). **성과학의 이해**. 서울: 월드사이언스.

김진희(1998). 부부간의 의사소통 효율성과 스트레스 인지수준. **대한가정학회지,** 36(1). pp.63-76.

김태현·박숙자(1992). 한국의 비동거 가족연구 : 지방과 해외 근무자의 부부 및 자녀와의 관계를 중심으로. **가족학논집,** 4. pp.45-74

김혜석(1990). 결혼준비 성인교육 프로그램 개발연구. 이화여자대학교 대학원 박사학위논문.

김홍숙(2005). 갈등부부를 위한 부부교육 프로그램 개발. 경남대학교 대학원 박사학위논문.

김희진(2004). 결혼초기 부부관계 향상 프로그램 개발. 서울여자대학교 대학원 박사학위논문.

남영주(2003). 삼, 사십대 기혼 남녀의 성 의미 유형과 결혼 만족. 서울대학교 대학원 박사학위논문.

노안영(2008). **상담심리학의 이론과 실제**. 서울: 학지사.

마광수(1997). **카타르시스란 무엇인가**. 서울: 철학과현실사.

모의희(2002). 자기 존중감과 의사소통 훈련을 통한 부부 적응 집단상담 프로그램의 개발. 한양대학교 대학원 박사학위논문.

문성혜(2002). 부모-자녀 관계증진을 위한 학교기반 부모교육 프로그램의 개발. 계명대학교 대학원 석사학위논문.

문혁준 외 5인(2012). **가족관계**. 서울: 창지사.

문혜숙(1994). 부부 적응과 성적적응에 따른 부부관계 유형 연구 : 도시 중산층 기혼남녀를 중심으로. 동국대학교 대학원 박사학위논문.

박경란 외 2인(2001). **현대가족학 : 가족에 대한 이해, 가족을 위한 실천**. 서울: 학지사.

박남숙(2000). 부부성장 집단상담 프로그램 개발. 연세대학교 대학원 박사학위논문.

박숙자(1992). 근로여성의 육아지원을 위한 세미나. **여성, 303**. pp.5-23.

박옥임(1993). 청소년 자녀가 인지한 아버지와의 의사소통 만족에 관한 연구 : 가족의 응집성과 적응성을 중심으로. **한국농촌생활과학회지,** 4.2(93, 10). pp.99-114.

박태영(1998). 결혼 만족도에 영향을 미치는 변인들에 관한 연구. **정신보건과 사회사업,** 5. pp.27-50.

반신환·조성현·조윤옥(2008). 부부만족도와 부부문화성향 : 목회자 부부와 비 목회자부부의 비교. 한국기독교상담학회지.

반신환(2007). 가트만(Gottman)의 부부관계의 모형과 부부치료이론 : 정서를 중심으로. 한국기독교상담학회지.

반신환(2007). 한국의 문화적 변화, 애착 및 종교적 대처. **한국종교학회,** 40. pp.1-21.

방현주·이기숙(2002). 부부관계향상 프로그램을 통한 결혼초기 부부의 의사소통 능력증진에 관한 연구. **대한가정학회지,** 40(11). pp.39-54.

백지은·서선영·신수진(2003). 예비부부를 위한 교육프로그램 구성. **한국가족관계학회,** 8(1).

보건복지가족부(2009). **예비부부, 신혼부부 프로그램 매뉴얼 교육**. 중앙건강가정지원센터.

서선미(2004). Gottman의 부부치료 원리를 활용한 결혼초기 부부관계 향상 프로그램. 서울여자대학교 대학원 석사학위논문.

설기문(2002). **인간관계와 정신건강**. 서울: 학지사.

송말희(1990). 기혼 남녀의 부부간 갈등정도와 대응행동에 관한 연구. **한국가정관리학회지,** 16. 한국가정관리학회. pp.31-47.

송성자(1990). 일반체계이론을 근거로 한 한국 부부관계 행동유형에 관한 조사연구. **한국사회복지학,** 16. pp.102-131.

송영란(1989). Marriage Encounter와 부부간의 의사소통 및 결혼 만족도에 관한 연구. 숙명여자대학교 대학원 박사학위논문.

송정아·윤명선(1997). 청소년 자녀와 부모 관계향상 프로그램 모형. **한국가정관리학회**

지, 33. pp.71-82.

송정아(1996). 사회심리적 변인에 의한 중년기 부부의 위기감 연구. **대한가정학회지,** 34(1). pp.79-92.

신수련(1993). 부부관계와 의사소통 및 비합리적 사고와의 관계. 경북대학교 교육대학원 석사학위논문.

심혜숙·이정희(1998). 심리극과 사회극의 상담효과 요인 및 상담과정 비교 분석 : 비행청소년을 대상으로. 한국심리학회지. **상담 및 심리치료,** 10(1). pp.251-271.

안희정(2004). 효과적인 복지정책을 위한 생산적 복지와 참여복지의 탐색. **한국사회와행정연구, 제15권** 제2호. pp.427-445.

어주경(1999). 저소득층 가족의 경제적 어려움이 아동의 자존감에 미치는 영향. **한국아동학회,** 20(2). pp.21-40.

오명선(2010). 교류분석 집단미술치료가 부부친밀감과 의사소통에 미치는 효과. 영남대학교 대학원 석사학위논문.

오세덕(1995) 부모역할훈련 프로그램과 부모의 자기이해 프로그램의 효과비교. 전남대학교 대학원 박사학위논문.

오윤자(1994). 가정생활교육 프로그램 개발을 위한 연구 : 부부관계 향상 프로그램을 중심으로. 경희대학교 대학원 박사학위논문.

유계숙 외 역(1999). **가족학 이론**. Pauline G. Boss 외 저. 서울: 문음사.

유시순 (2003). 기혼 노인의 결혼 만족도에 영향을 미치는 요인에 관한 연구. 서울여자대학교 사회복지대학원 석사학위논문.

유영주·오윤자·이정연(1995). 건강한 가족생활을 위한 결혼 준비 교육 프로그램개발 연구. **경희대학교 논문집,** 24. pp.147-171.

유영주·이창숙(2002). **부부 행복 찾기 : 행복한 부부성장을 위한 워크북**. 서울:

유영주(1976). 한국가족에 있어서의 결혼생활 : 결혼생활 연구를 중심으로. **인하대학교 인문학논,** 2. pp.127-150.

유영주(1986). 결혼 만족도척도의 타당화 연구. **한국가정관리학회,** 4(1). pp.1-14.

유지연·박정윤(2005). 청소년의 부모자녀관계 향상을 위한 프로그램 개발 및 효과. **한국가정학회지, 제17권** 제1호 통권 제35호. 한국가정과교육학회. pp.69-84.

윤창섭(2011). 중년기 부부의 의사소통 부재로 인한 위기극복과 교회활성화. 장로회신학대학교 대학원 박사학위논문.

이광자(1992). 부모의 양육방법이 유아의 사회성과 자율성에 미치는 영향. **여성연구논총,** 7. 서울여자대학교여성연구소. pp.111-136.

이기숙(1998). 가족주기에 따른 부부간 커뮤니케이션 변화에 관한 연구. **한국가정관리학회지,** 6(1). pp.167-187.

이도영 외 4인(1999). **교류분석의 이론과 실제**. 서울: 중앙적성출판사.

이동자(2008). 교류분석 프로그램이 어린이집 교사와 유아 간 의사소통에 미치는 영향. 대구대학교 대학원 석사학위논문.

이명선(1991). 간호사의 노인에 대한 태도 조사 연구. **수원여자전문대학 논문집,** 17. pp.17-42.

이미숙(1990). 한국에서의 결혼 만족 연구에 대한 고찰 및 평가. **생활과학연구논집,** 10(1). pp.27-71.

이상화(1991). 스트레스 요인으로서의 생활사건과 불안 및 가족기능의 관계에 대한 연구. 연세대학교 대학원 석사학위논문.

이선이(2004). **고독력 : 자신만만한 아이로 키우는 엄마의 비결**. 다케나가 노부유키 저, 이선이 역. 파주: 이레.

이성욱(2005). 나-전달법을 활용한 의사소통 훈련프로그램이 초등학생의 사회성 향상에 미치는 효과. 남부대학교 대학원 석사학위논문.

이순복(2009). 교류분석 집단상담 프로그램이 중학생의 자기 존중감에 미치는 효과. 공주대학교 대학원 석사학위논문.

이영자(1995). 스트레스, 사회적지지, 자아 존중감과 우울 및 불안과의 관계. 서울여자대학교 대학원 박사학위논문.

이은희(2011). 결혼에 대한 기대와 실제 간의 차이와 부부간 의사소통이 결혼초기 부부의 결혼 만족도에 미치는 영향. 영남대학교 대학원 석사학위논문.

이인숙·문정순(2000). 기혼여성들의 성지식, 성태도, 성생활 만족. **한국보건간호학회,** 14(2). pp.396-414.

이정미(2006). 부부관계 향상을 위한 교육 프로그램 개발과 효과 검증. 대구카톨릭대학교 대학원 박사학위논문.

이종대(2011). 이마고 부부대화 프로그램을 통한 활성화 방안 연구. 장로교신학대학교 대학원 박사학위논문.

이창숙(1997). 부부갈등해결 교육프로그램 개발연구 : Baucom과 Epstein의 인지-행동적 치료모델에 기초하여. 경희대학교 대학원 박사학위논문.

이현숙(1999). 인지행동적 부부 의사소통 프로그램 개발에 관한 연구. 서울여자대학교 대학원 박사학위논문.

장성희(2006). 건강한 신혼가정 만들기. **보건간회소식**. pp.75-78.

장순복(1989). 자궁절제수술 부인의 성생활 만족에 관한 요인 분석. **대한간호학회,** 19(2). pp.160-172.

장유미(2000). 가족의사 소통 증진 프로그램효과. **경산대학교 학생생활연구소,** 5(1).

전병제(1974). 자아개념 특정 가능성에 관한 연구. **연세논총,** 11(1). pp.107-130.

정은(2009). **가족상담**. 서울: 창지사.

정현숙(1996). 도시부부의 결혼 만족도 변화 패턴. **한국가정관리학회지,** 14(2). pp.51-60.

조선일보(2002. 9. 17)

주현정(2010). 청소년 부모자녀의 의사소통과 관계 향상을 위한 가족구성원 간의 의사소통 단원의 교수학습과정안 개발 및 적용. 한국교원대학교 대학원 석사학위논문.

진명자(2005). 부부성장 프로그램의 개발 및 효과. 홍익대학교 대학원 박사학위논문.

최규련(1997). 부부대화법 프로그램의 한국에서의 적용효과. **한국가족관계학회지,** 2(1). pp.141-166.

최성이(2005). 기혼여성의 성적적응과 성기능 및 부부의사소통. **사회과학연구, 제8호**. 신라대학교 사회과학연구소. pp.125-151.

최숙희(2007). 비언어적 의사소통이 외식업체의 서비스 품질에 미치는 영향. 배재대학교 대학원 석사학위논문.

최순남(1995). **현대 노인복지론**. 오산: 한신대학교출판부.

최연실(1993). 한국가족에서의 성불평등적 문제들과 여권론적 가족치료에 관한 고찰. **대한가정학회지,** 32(2). pp.145-160.

최유진(2007). 청소년이 지각한 부모-자녀 간 의사소통과 자아존중감, 친구 간 갈등해결 전략이 교우만족도에 미치는 영향. 경희대학교 대학원 석사학위논문.

최혜경·노치영·박의순(1994). 결혼초기 부부를 위한 부부교육프로그램의 구성. **한국가정관리학회지,** 12. pp.171-180.

통계청(2007). www.nso.go.kr/

한방교·윤길근(2004). **교육방법론**. 서울: 태영출판사.

홍성묵(2000). **사랑은 진할수록 아름답다**. 서울: 명진출판.

황경애(2001). 부부의 의사소통 관련 가족 복지 향상 방안. **전주산업대논문집,** 40. pp.91-105.

황정규(1984). 청소년의 교육가능성, 환경인가 유전인가. 한국청소년, 5. pp.42-45.

Alan, G. S., & David, K. P.(1981). *Handbook of Family Therapy*. New York: Brunner/Mazel Publishers.

Atkinson(1985). Flexibility, uncertainty and manpower management. *Institute of Manpower Studies, Report, 89*.

Bahr(1983). *Divorce and remarriage : problems, adaptations, and adjustments*. Westport, Conn, Greenwood Press.

Baucom, D. H., Shoham, V., Mueser, K., Daiuto, A. D., & Stickle, T. R. (1998). Empirically supported couple and family intervention for marital distress and adult mental health problem. *Journal of consulting and clinical Psychology, 66*, 53-88.

Belkin, G. S., & Goodman, N.(1980). *Marriage, family, and intimate relationships*.

Chicago: Rand McNally College Publishing Company.

Benson(1979). Aphasia: A Clinical Perspective & David Frank Benson, Alfredo Ardila Behavior modification and child; An Annotated bibliography, Hazel B. Benson Connecticut: Greenwood Perspective.

Bienvenu, M. J.(1970). Measurement of Marital Communication. *The Family Coordinator, 19*(1), 26-31.

Bowden, M.(1977). *Ape-Men - Fact or Fallacy?* Bromley Kent, UK: Sovereign Publications

Boyd, & Ruesh, A. J.(1977). Interpersonal Communication Skills differtiating more satisfying from less satisfying Marital Relationship. *Journal of Counseling Psychology, 24*(11).

Bradbury, T. N., & Fincham, F. D.(1990). Attributions in marriage: Review and critique. *Psychological Bulletin, 107*, 3-33.

Burgess, E. W., & Wallin, P.(1953). Engeagement and Mamrria.e. New Yock J.B. Lippincott Company.

Burleson, & Denton(1997). Handbook of Communication and Social Interaction Skills. John O. Greene Brant R. Burleson.

Cambell, A. P. E., & Rogers, W. L.(1976). The Quality of American Life: Perception, Evaluation and Satisfaction, Russell Sage Foundation.

Campbell, E.(1974). The Effect to fcouples Communication Trainingon Married Couples in the Child Rearing Years: a Field experiment, Doctord dissertation, Arizona State University.

Carter, W. L.(1980). The Relationship among Self Esteem, Marital Communication, and Marital Adjustment. Doctoral dissertation , North Texas State University.

Clinebell, H. J.(1975). *Growth Counseling for Marriage Enrichment.* Philadelphia: Fortress Press.

Coopersmith, S.(1967). *The antecedents of self-esteem.* San Francisco: Freeman.

Crouch, & Straub(1983). Enhancement of self-esteem in adults. *Fam Community Health,*

6, pp.76-78.

Cutler, B. R., & Dyer, W. G.(1965). Initial adjustment processes in young married couples. *Social Forces, 44*, 195- 201.

Derogatis(1979). Assessment of Marital Discord (Psychology Revivals): An Integration for

Dilon, J. D.(1975). Marital Communication and its relation to self-esteem, Doctorian dissertation, United States International University.

Donnelly, D.(1993). Sexually inactive marriages. *Journal of sex Research, 30*, pp.171-179.

Douglas(1974). *Biochemical Actions of Hormones, 5*, Gerald Litwack.

Dunn, P. C.(1995). Volunteer management. National Association of Social Workers. *Encyclopedia of Social Work. 19th ed.* Washington D.C. : NASW Press.

Eastman, D.(1958). Acceptance and marital happiness. *Journal of Consulting Psychology, 22*, pp.95-99.

Edward, K. H.(1980). Understanding, communication and cognitive homeostasis. *Doctor of Philosophy*, University of Washington.

Ekman, P., & Friesin, W. V.(1971). Constants across cultures in the face and emotion. *Journal of personality and social psychology. 19*, 124-129.

Eldridge, K. A.(2000). Demand-withdraw communication during marital conflict: Relationship satisfaction and gender role considerations. Unpublished Doctoral Dissertation, University of California, Los Angeles.

Ellis, A., & Dryden, W.(1987). *The practive of rational emotive therapy.* New York: Springer.

Ellis, A.(1973). Rational-Emotive Therapy. In Raymond Corsini (Ed.), *Current psychotherapies.* Itasca: Peacock Publishers

Emery, R. E., & O'Leary, K. D.(1984). Marital discord and child behavior problems in nonclinic sample. *Journal of Abnormal Child Psychology, 12*, 411-420.

Farrington, D.(1991). Childhood aggression and adult violence: Early precursors and later life outcomes. In D. Pepler & K. Rubin (Eds.), *The development and treatment of childhood aggression* (5-29). Hillsdale, NJ: Erlbaum.

Feldman, H.(1965). *Development of husband wife relationship*. Cornell University. research report to national institute of marital health, Grant M-2931.

Folkman, S., & Lazarns, R. S.(1985). *The Revised Ways of Coping*. San Francisco: University of California.

Freud(2005). *The Unconscious*(공)저 : Sigmund Freud.

Giddens, A.(2003). *Modernity and Self-Identity : Self and Society in the Late Modern Age*. Polity Press, Cambridge.

Glasser(1997). Patriarchy, Mediated Desire, and Chinese Magazine Fiction : Glasser, CKwok Glasser, *C/JOURNAL OF COMMUNICATION, vol.47* no.1, p.85.

Glasser, W.(2000). *Counseling with Choice Theory : The New Reality Therapy*.

Goldenberg, I., & Goldenberg, H.(2000). *Family therapy on overiew*. by Wadsworth, adivision of Themson Learning.

Gordon, T.(1970). *Parent Effectiveness Training*. N.Y.: New America Library.

Gottman, J. M., & Levenson, R. W.(1992). Marital process predictive of later dissolution: Behavior, physiology, and health. *Journal of Personality and Social Psychology, 63*, pp.221-233.

Gottman, J. M., & Silver, N.(1999). *The Seven Principles for Making Marring Work*. New York: Three Rivers Press.

Gottman, J. M., & Silver, N.(2000). **행복한 부부 이혼하는 부부**. 임주혀 역. 서울: 문학사상사.

Gottman, J. M.(1993). The Roles of Conflict Engagement, Escalation, and Avoidance in Marital Interaction: A Longitudinal View of Five Types of Couples. *Journal of Consulting and Clinical Psychology, 61*, 6-15.

Gottman, J. M.(1999). *The marriage clinic*. New York : W. W. Norton & Company.

Gottman, J. M.(1999). *The marriage clinic*. New York: W. W. Norton & Company.

Gottman, J. M.(2000). *Clinical manual for marital therapy: research-based approach Seattle*. WA: The Gottman Institute.

Gottman, J. M., Notarius, C., Gonso, J., & Markman, H.(1976). *A couple's guide to communication*. Champaign, IL: Research Press.York.

Gottman, J. M.(1994). Why marriages succeed or fail. New York: Simon and Schuster.

Gray, J.(2004). *Men are from mars, women are from venus*. New York: HarperCollins Juvenile Books. 김경숙역(2006). **화성에서 온 남자, 금성에서 온 여자**. 서울: 친구미디어.

Guerney, B. G., Jr.(1977). *Relationship enhancement: Skill training programs for therapy, problem, prevention, and enrichment*. San Francisco: Jossey-Bass.

Guerny, G. B., Jr.(1979). *Relationship Enhancement*. San Francisco : Jossey-Bbass.

Hanna, & Brown(1994). *Reading California: Art, Image, and Identity*, 1900-2000

Hawkins, J. L.(1968). Association between comparonship and marital satisfaction. *J Marriage Fam, 30*, pp.647-648.

Heavy, C. L., Christensen, A., & Malamuth, N. M.(1995). The longitudinal impact of demand and withdrawal during marital conflict. *Journal of Consulting and Clinical Psychology, 63*, 797-801.

Hemming(1974). Glycolipids.

Hill, & Reiss, Nye(1979). Sourcebook of Family Theories and Methods : A Contextual Approach.

Hunt(1974). Sexuality Now: Embracing Diversity

Jacobson, E.(1952). *Contributions of the metapsychology of psychogenic depression : affective disorder*. International Universities Press, New-York.

Jacobson, N. S., & Addis, M. E.(1993). Research on Couples and Couple Therapy: What Do We Know? Where Are We Going?. *Journal of Consulting and Clinical*

Psychology, 61, pp.85-93.

James, P. S.(1991). Effects of communication added to an emotionally focused couples therapy. *Journal of Marital and Family Therapy, 17*, 263-276.

Jeries(1979). *Seconda Pelle*. The Complete History of AC Milan Jerseys.

Joe, V. T.(1971). Review of the Internal-external control, Construct as a Personality variable, Psychological Report.

Keirsey, & Bates(1995). Quick Service Restaurants, Franchising, and Multi-unit Chain Management.

Kelly, & Conley, E. L., & Conley, J. J.(1987). Personality and compatibility : A prospective analysis of marital stability and marital satis-faction. *Journal of Personality and Social Psychology, 52*, pp.27-40.

Kieren, & Tallman (1972). Pioneering Paths in the Study of Families: The Lives and Careers of Family

Klein, White, D. M., & White, J. M.(1996). *Family theories : An introduction*. Thousand Oaks, CA : Sage Publications, 294.

Knox, J. P.(1971). *Postman, Neil. The End of Education*. 차동춘 역. **교육의 종말: 무너지는 교육 이대로 둘 것인가**. 서울: 문예출판사.

Lederer, W., & Jackson, D.(1968). *Mirages of marriage*. New York: W. W. Norton.

Levenson, R. W., & Gottman, J. M.(1985). Physiological and sffective predictors of change in relationship satisfaction. *Journal of Personality and Social Psychology, 49*(1), pp.85-94.

Mace, D. R., & Mace, V.(1976). The selsction, Training, and Certification of Factilitators for Marriage Enrichment Programs. *Family Coordinator, 25*(2), pp.117-126.

Marcuse(1992). *Heidegger and Marcuse: The Catastrophe and Redemption of History*.

Maslow, A.(1970). *Motivation and personality* (rev.ed.). New York: Harper & Row.

Masters, & Johnson(1960). *Disorders of Desire: Sexuality and Gender in Modern American*

Sexology.

Masters, W., & Johnson, V. (1970). *Human Sexual Indequacy.* Boston: Little Brown.

Mattson, L. G.(1988). Management of strategic change in a 'markets-as-networks' perspective, in Pettigrew. A. (Eds.), *The Management of Strategic Change.*

McCubbin, H. I., & Patterson, J. M.(1983). Family stress and adaptation to crisis: A Double ABCX model of family behavior. In D. Olsen & B. Miller (Eds.), *Family studies review year-book.*

Miller(1971). *Strategic Supervision: A Brief Guide for Managing Social Service Organizations.*

Miller, S. L., Nunnally, E. W., & Wackman, D. B.(1975). *Alive and aware. Minneapolis: Interpersonal Communication Programs.*

Miller, S., Nunnally. E. W., & wackman, D. B.(1976). Minnesota Couples Communication Program (MCCP): Premarital and marital, 21-IN. Olson (Ed.), *Treating Relationship.* Lake Mills. Iowa: Graphic public Lake Mills, Iowa: Graphic publishing.

Miller, S., Nunnally. E. W., & Wackman, D. B.(1976). Minnesota Couples Communication Program(MCCP): Premarital and marital, 21-IN. Olson (Ed.), *Treating Relationship.* Lake Mills. Iowa: Graphic public LakeMills, Iowa: Graphic publishing.

Morokoff, & Gilliland, P., & Gilliland, R.(1997). Stress, sexual functioning, and marital satisfaction. *Journal of Sex Research, 20*, pp.43-53.

Mosher(1980). *Freshwater Nematodes: Ecology and Taxonomy.*

Mueser, K. T., Daiuto, A. D., & Stickle, T. R.(1998). Empirically supported couples and family therapies for adult problems. *Journal of Consulting and Clinical Psychology, 66*, pp.53-88.

Myers, D., & Diener, E.(1965). Who is happy?. *Psychological Science, 6*(1), pp.10-19.

Navran, l.(1976). Communication and adjusment in marriage. *Family Process, 6*(2).

Noller, & Fitzpatrick(1993). *Communication in Family Relationships.*

Nunnally, Miller, & Wackman, E. W. Miller, S. L., & Wackman, D. B.(1976). A communication training program for couples. *Social Casework, 57*, pp.9-18.

Olson, D. H.(1979). Circumflex model of marital and family systems : IV cohesion and adaptability dimensions, family types and clinical applications. *Family Process, 18*, pp.3-28.

Olson, R., & Sprenkle(1983). *Cireunflex Model of marital and family system: IV theoretical undate.* Family process.

Porter, B., & O'Leary, K. D.(1980). Marital discord and childhood behavior problems. *Journal of Abnormal Child Psychology, 8*, pp.287-295.

Rappaport, A. F.(1976). Conjugal Relationship Enhancement Program: In D. Olson (Ed.), *Treating Relationship.* Lake mills, Iowa: Graphic Publishing.

Roach(1975). The Shrewsbury Hospital. *Sheffield 1616-1975,* 104호.

Robbins, S. P.(1974). *Managing organizational conflict : A nontraditional approach.* Prentice Hall, Englewood Cliffs.

Robert, L. J.(2000). Fire and ice in marital communication: Hostile and distancing behaviors as predictors of marital distress. *Journal of Marriage and the Family, 62*, pp.693-707.

Rogers, C. R.(1951). *Client-centered therapy.* Boston: Houghton Mifflin Company.

Rollins, & Fledman, B. C., & Feldman, H.(1970). Marital satisfaction over the family life cycle. *Journal of Marriage and the Family, 32*, pp.20-8.

Rosenberg, M.(1965). *Society and the adolescent self-image.* Princeton, NJ: Princeton University Press.

Satir, V.(1972). *People making.* Palo Alto: Science and Behavior Books. Inc.

Schafer, & keith, R., & Keith, P.(1999). Change in adult self esteem : A longitudinal assessment. *British Journal of Social Psychology, 38*, pp.303-314.

Seligman(2004). Fundamentals of Securities Regulation

Snyder, D. K., & Wills, R. M.(1989). Behavioral versus insight-oriented marital therapy :

Effects on individual and interspousal functioning. *Journal of Consulting and Clinical psychology, 57*, pp.39-46.

Snyder, D. K., Mangrum, L. F., & Wills, R. M.(1993). Predicting couple's response to marital therapy: A comparison of short-and long-term predictors. *Journal of Consulting and Clinical Psychology, 61*, pp.61-69.

Snyder, D. K., Wills, R. M., & Grady-Fletcher, A.(1991). Long-term effectiveness of behavioral versus insight-oriented marital therapy: A 4 year follow-up study. *Journal of Consulting and Clinical Psychology, 59*(1), pp.138-141.

Terman, L. M.(1983). *Psychological factors in marital happiness*. New York: McGraw-Hill.

Tobias, L. L., & MacDonald(1977). M. L. Internal locus of control and weight loss: An insufficient condition. *Journal of Consulting and Clinical Psychology, 45,* pp. 647-653.

Urban, D.(1980). *The Short-Term Effects of marital Enrichment Program on Couple Communication*. Doctoral Dissertation, Brigham young Univercity.

Wade Luquet(1996). *Short-Term Couples Therapy*: The Imago Modelin Action, **이마고 부부치료**, 송정아 역(2004). 학지사.

Warner, M. D.(1981). *Comparison of a Religious Marriage Enrichment Program with an Established Communication Training Enrichment Program*. Doctoral dissertation. Purdue University.

Webb(1972). *Patterns of Distribution of Amphibians: A Global Perspective*.

Weeks, Holland & Waites(2003).

Zimmerman, A.(1978). *The Effect and Effectiveness of A Communication Oriented Workshop in Marital Conflict Resolution*. Doctoral dissertation, University of Minnesota.

〈인터넷 자료〉

다음카페 골목투어

cafe.daum.net/baramgua

www.gottman.com

저/자/소/개

유 옥

한영신학대학교 기독교상담학과 교수
미국 캘리포니아 유니온 대학교 졸업(학사)
한양대학교 교육대학원 졸업(교육학 석사)
미국 미드웨스트 대학교 대학원 졸업(기독교상담학 박사)
한남대학교 대학원 졸업(교육학 박사)
한국 기독교심리상담치료학회 슈퍼바이저
미국 AICC 슈퍼바이저
한국 목회상담협회 감독(슈퍼바이저)
한국 기독교상담·심리치료학회 전문가
PREPARE-ENRICH 전문상담사
한국형 에니어그램 전문강사
아동상담놀이치료사 1급
MBTI 일반강사

〈논문 및 저서〉

논문 : 가족상담이 가족해체 예방에 미치는 효과(2004) 외 다수

저서 : 21세기를 위한 가족상담의 이론과 실제(교육과학사, 2006)
Win-Win의 삶(은혜출판사, 2010)
학생생활지도 이론(동문사, 2010)
결혼과 가족(공저, 동문사, 2011)
하루를 여는 생명의 말씀(은혜출판사, 2011)
가족상담 및 치료의 이론과 실제(동문사, 2012)
Win-Win의 삶 제2권(도서출판 영성네트워크, 2012)
상담의 실제(도서출판 등자, 2012)
Win-Win의 삶 제3권(도서출판 영성네트워크, 2013)

조 숙

서울총회신학대학원 졸업(M.Div)
한남대학교 사회복지학과 졸업(BA)
백석대학교 상담대학원 졸업(MA)
한남대학교 일반대학원 박사과정 졸업(Ph.D)
한국상담학회 정회원
한국상담심리학회 정회원
한국노인복지학과 정회원
한국교육상담학회 슈퍼바이저
한국기독교심리상담학회 슈퍼바이저
한국군사회복지 이사 및 충청지부장
건양대학교 외래교수
샤론가족상담연구소장

의사소통과 상담

초판 1쇄 인쇄 / 2014년 2월 1일
초판 1쇄 발행 / 2014년 2월 10일

공저자 / 유 옥·조 숙
발행인 / 이 중 수
발행처 / **동 문 사**

서울특별시 서대문구 홍제원 1길 12
(홍제동 137-8)
Tel : 02)736-3718(대), 736-3710, 3720
Fax : 02)736-3719
등록번호 : 제9-17호
가격 : 16,000원

ISBN : 978-89-8251-625-2(93370)
E-mail : dong736@naver.com
www.dongmunsa.com